科技金融创新发展研究系列丛书

U0663169

黄昌利　陈忠瑶◎著

科技金融产品设计及案例

Science and Technology Finance： Business Design
and Case Study

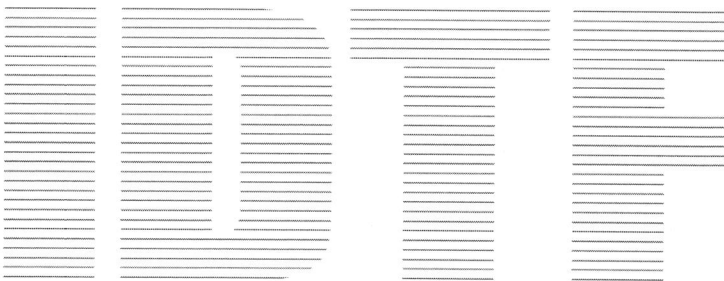

中国财经出版传媒集团

经济科学出版社
Economic Science Press

图书在版编目（CIP）数据

科技金融产品设计及案例/黄昌利，陈忠瑶著. —北京：
经济科学出版社，2020.9（2024.3 重印）
（科技金融创新发展研究系列丛书）
ISBN 978 – 7 – 5218 – 1882 – 6

Ⅰ.①科…　Ⅱ.①黄…②陈…　Ⅲ.①科学技术 – 金
融产品 – 产品设计 – 中国　Ⅳ.①F832.5

中国版本图书馆 CIP 数据核字（2020）第 176427 号

责任编辑：王　娟　张立莉
责任校对：王苗苗　孙　晨
责任印制：张佳裕

科技金融产品设计及案例
黄昌利　陈忠瑶　著
经济科学出版社出版、发行　新华书店经销
社址：北京市海淀区阜成路甲 28 号　邮编：100142
总编部电话：010 – 88191217　发行部电话：010 – 88191522
网址：www. esp. com. cn
电子邮箱：esp@ esp. com. cn
天猫网店：经济科学出版社旗舰店
网址：http：//jjkxcbs. tmall. com
北京季蜂印刷有限公司印装
710×1000　16 开　9.5 印张　200000 字
2021 年 6 月第 1 版　2024 年 3 月第 2 次印刷
ISBN 978 – 7 – 5218 – 1882 – 6　定价：59.00 元

前　　言

在经济进入新常态和"大众创业，万众创新"的背景下，我国进入产业转型升级时期。科技及创新能力是经济发展和转型的重要驱动因素。科创企业（也可称为科技型中小企业）成为我国经济战略支持的重点，不仅能够带动整个制造业的更新换代，更有极高的正外部溢出效应。但现实情况是，科创企业往往难以得到与其战略地位相匹配的资金支持。在现有的金融市场下，一般商业银行的对公贷款依然是企业融资的主要渠道，但众多科创企业具有轻资产、重研发的特点，其财务指标很难满足商业银行的授信要求，且较高的风险溢价对科创企业产生了巨大的资金压力；而私募股权、中小企业私募债等融资方式，也缺乏足够的融资渠道和资金来源；支持引导资金流向高风险的投资标的相关政策支持力度也不足。"融资难""融资贵"难题可谓是困扰已久，阻碍了大批科创企业的成长发展。

国内早在1980年即提出构建科技银行的构想研究。近年来，科创企业的融资问题受到了政府的高度重视，并相继出台了一系列扶植我国科技金融业务发展的政策。例如，在2016年落地实施的"投贷联动"试点。与此同时，北京、上海、广东、杭州、苏州等地根据当地高新技术产业园区的发展现状和融资特点，深入开展科技金融业务，在业务模式、交易机制、产品创新等方面都实现了显著的突破。当然，这其中也需要进一步借鉴国外成功的科技金融经验，并与我国基本国情、金融市场等客观条件相结合，开辟出适宜的科技金融发展路径。

对科技金融的已有研究从不同的视角，对许多问题作出了重要研究贡献。但现有研究大多着眼于较为宏观的层面，例如，科技金融的政策支持、科技银行的定位与作用等；尤其是对科技金融业务的产品设计，包括交易要素和交易机制、产品定价等重要的理论和实务问题，仍有待深入研究。我们在此做了一些尝试，以求抛砖引玉。

本书首先梳理了科技金融发展现状、发展动因、政策支持、趋势与展望；其次，对各国和地区的主要科技金融发展模式进行了综述，比较分析了各自优势与劣势。对国内代表性区域的科技金融发展模式进行了介绍和梳理。

　　科技银行有着较为独特的业务和产品定位，更有着显著区别于一般商业银行的特色。因此，对其监管也应有所区别，在鼓励创新的监管原则下，引入"监管沙盒"值得关注。

　　本书关注的重点之一是科技金融业务产品的交易要素和交易机制。基于实践总结并结合有关金融理论，系统深入地研究了科技金融业务和产品的市场供求特征分析，交易参与主体的权利、责任与相互关系，分层结构和权益性质，投资门槛与流动性，信用担保与风险分担机制，风险控制机制等交易要素和交易机制问题。

　　我们也系统梳理了科技金融产品定价的理论方法，并主要基于 KMV 模型，对科创企业的预期违约率进行了实证估计，研究结论具有较好的参考价值。

　　科技金融产品设计也是实务性的课题。我们也选取硅谷银行和我国代表性的科技银行，开展了案例研究，分析其优势和不足，总结和提炼可借鉴之处。

　　本书之所以能得以成稿，离不开中央财经大学校长王瑶琪教授主持的中央在京高校重大科技成果转化项目《基于"双轮驱动"的北京市科技金融发展战略及实施路径》资助。书稿是在子课题之六《科技金融产品设计》的基础上，进一步开展研究的结果。王瑶琪校长率领的课题团队、中央财经大学金融学院院长李建军教授、中国银行业研究中心主任郭田勇教授等各位领导和专家，对本书写作给予了大力支持，提出了很多重要的指导意见和建议。在书稿的撰写过程中，中央财经大学金融学院的研究生团队也从不同方面为本书的最终成稿提供了很多帮助，作出了重要贡献。在具体章节方面，王岩主要协助笔者对第1、第2、第3章的文献和资料进行收集整理，俞紫麟主要协助笔者对第3、第5章的文献和资料进行收集整理；刘伯杰、诺敏、李晨玲、白菡珠、邱国权、热依汗古丽·依沙克主要协助笔者对第4、第6、第7章的文献和资料进行搜集整理、数据处理和实证估计；花逸兰、乔路铭主要协助笔者对第8章的文献和资料进行收集整理；徐李阳、王旭主要协助笔者对第9章的文献和资料进行搜集整理、机构访谈和案例调研等工作。这些同学敏而好学，乐于交流和合作，表现出了很好的科研素养和潜力。相关领域的文献对本书的形成也起到了很好的借鉴作用。我们也拜访了多个科技金融示范机构，得到了多位业界人士的帮助和指教。在此一并表示深深的感谢！

　　由于本人能力不足，水平有限，加上成书时间较为仓促，存在诸多不足甚至谬误之处，也恳请广大读者、学者和专家提出宝贵的意见和建议。

黄昌利　　陈忠瑶

2019 年 6 月

目　　录

第 1 章

科技金融发展概述

　　科技金融是科技与金融的深度融合，是通过一系列配套的政策制度、金融业务、金融产品和金融服务来支持和推动科创企业（也通常称为科技型中小企业等）发展壮大，推动科技成果转化和产业升级，是为科创企业提供融资的金融活动，属于产业金融的范畴。

　　一国经济尤其是大国经济的健康、良性和持续发展，应当是主要依靠科技来推动。但是，科创企业通常是高风险的产业，尤其是在初创阶段，融资需求量相对较大，但融资可获得性却往往较差，面临着"融资难""融资贵"的难题，有限的资金难以满足科创企业庞大的资金缺口，阻碍了大批科创企业的成长发展。因此，科技产业的发展需要金融的强力助推。

　　科技金融活动多年前起源于美国硅谷，但"科技金融"一词也较早地出现在我国，1992 年 11 月 10 日，中国科技金融促进会成立。2010 年以来，由于"科技金融""金融科技"仍属于新生事物，加之两者都体现出了金融与科技的深度融合，在理论研究和工作实践中有时会出现将"科技金融"与"金融科技"混为一谈的现象，甚至以"金融科技"取代"科技金融"。但实际上，两者是有显著差别的："科技金融"是指服务于科技研发、成果转化和科创企业发展的金融业务和活动，包括对科创企业的政府财政资金支持、科技银行贷款、创投、担保、保险等业务和相关金融产品及服务等。由于科创企业的自身特质，科技银行与其他交易参与主体往往是通过结构化产品设计，对科创企业提供融资，各参与主体在融资活动中收益共享和风险分担。至于"金融科技"，则是利用各类科技手段对传统金融业所提供的产品和服务进行创新和拓展，从而大大提升效率并有效降低运营成本；主要是指由互联网金融和大数据、区块链、云计算、人工智能等新兴前沿技术的带动，对金融市场以及金融业务的供给产生重大影响的新兴业务模式、新技术应用、新产品服务等。

1.1 发展现状

国际上，以欧美为代表的发达经济体在科技金融领域也走在世界的前列。科技金融活动起源于美国硅谷，在日本、德国、英国、以色列等国家和地区也经历了长期的发展，积累了大量的经验。各国和地区依据自身国情和优势，纷纷建立了具有国情和地域特色、层次分明、行之有效的科技金融发展模式。根据科技金融运行机制的不同，全球范围内科技金融主要的发展模式大致可分为四种：一是以美国为代表的资本市场主导型；二是以德国、日本为代表的银行主导型；三是以以色列为代表的政府主导型；四是以中国台湾地区为代表的民间主导型。典型国家和地区的科技金融发展情况将在本书第 2 章中作详细介绍和梳理。

自 20 世纪 90 年代"科技金融"一词在我国出现以来，针对科创企业的科技金融业务正在不断发展，但前期发展速度较为缓慢；进入 21 世纪之后，各级政府频繁发布关于科技金融业务的政策文件，支持科技金融的发展，我国科技金融进入高速发展阶段，主要表现为以下特点①。

1.1.1 科创企业的培育规模不断扩大

近年来，我国已围绕创新过程形成了众创空间、科创企业孵化器到产业园的创业孵化全链条，以高新技术企业、"瞪羚"企业和"独角兽"企业等为代表的创新创业主体从扩大规模向专业化、精细化转变，创新创业外溢效应明显。2017年，全国已有 4298 家众创空间、3000 余家科创企业孵化器和 400 余家企业加速器及 156 家国家高新区，科创企业的发展呈现新态势②。

1.1.2 科技信贷和保险产品种类越来越多，规模持续增长

通过多年的探索，银行业金融机构和科技、财政、税务等部门加强合作，不断开发适合科创企业的信贷产品，如解决轻资产的科创企业知识产权质押难题的"科技智慧贷""科技助保贷""知产贷"，江苏银行的"星系列"特色产品等。2016 年，投贷联动试点工作全面展开，进一步拓宽了科创企业的融资渠道，为

---

①② 中国科学技术发展战略研究院、中国科技金融促进会、上海市科学学研究所：《中国科技金融生态年度观察报告（2018）》。

科创企业提供更加便捷、灵活的债权融资产品。

截至 2017 年 12 月末，全国银行业金融机构科创企业贷款余额达 30.74 万亿元，占各项贷款总余额的 24.67%，较 2017 年初增加 4.04 万亿元，较上年同期增速达到 15.14%，比各项贷款平均增速高 2.67 个百分点；科创企业贷款户数达到 1520.92 万户，较上年同期增加 159.82 万户，信贷总量及服务企业数量正在持续增长[①]。

保险机构在传统财产保险、意外伤害保险、健康保险、责任保险、保证保险、专利保险等险种的基础上，通过产品组合为科创企业提供贯穿于全生命周期的科技保险；开发针对不同技术的不同应用阶段的新产品，如人保财险公司研发的生命科学产品完工责任保险、云计算服务责任保险、个人信息泄露责任保险、太阳能光伏组件长期质量与功率保证保险、网络风险综合保险、军民融合企业专属产品、错误与疏漏保险、新科技系列保险等；深入拓展专利保险产品种类，包括传统侵权保障、企业出海护航以及促进科技成果转化和运用知识产权融资等知识产权保护和运用两大类。

1.1.3 创投市场规模进一步扩大

从机构数量看，2017 年活跃的创投机构达到 2296 家，较 2016 年增长 12.3%；从资金规模来看，2017 年全国创投机构管理资本总量达到 8872.5 亿元，较 2016 年增加了 595.4 亿元，增长约 7.2%，与 2016 年增幅 24.4% 相比，增速明显放缓，但创投市场规模仍在进一步扩大[②]。

创投基金方面呈现以下两种趋势：一是两极分化显现，管理资本超过 5 亿元的 10.2% 机构掌握了 72.1% 的资本总量；二是政府引导基金成为重要的资金来源，截至 2017 年底，全国设立政府创投引导基金共计 483 只，累计出资 620.9 亿元，引导带动创投机构管理资金规模合计 2913.2 亿元。政府引导基金已经成为优化财政资金、引导社会资本进入实体经济的重要手段[③]。

1.1.4 多层次资本市场更加完善

多层次资本市场不断通过供给侧改革丰富企业融资功能，创业板与园区合作延伸资本市场服务范围，债券市场发行新产品加强对创新创业的支持，新三板推

---

①②③ 中国科学技术发展战略研究院、中国科技金融促进会、上海市科学学研究所：《中国科技金融生态年度观察报告（2018）》。

出新制度、新产品，提高服务企业水平。2015～2019 年，新三板公司融资金额分别为 1216 亿元、1391 亿元、1336 亿元、604 亿元、265 亿元。根据中国证监会等机构的数据，2018 年，中小板、创新板、新三板和区域股权交易市场等主要服务中小微企业的市场股票融资额规模超过 6000 亿元①。

我国于 2019 年正式推出科创板。科创板的建立将与主板、创业板、中小板和新三板等交易市场一起，形成更加丰富、多层次的融资体系，更好地发挥资本市场对企业尤其是科创企业的支持力度，给很多成长空间大、发展速度快但受限于利润等指标的科创企业提供更好的融资支持。2019 年 1 月 30 日晚，科创板迎来重大进展，中国证监会和上交所一连发布《关于在上海证券交易所设立科创板并试点注册制的实施意见》（以下简称《实施意见》）等 3 份部门文件和 6 份上交所规则与征求意见稿。《实施意见》明文指出，在上交所新设科创板，坚持面向世界科技前沿、面向经济主战场、面向国家重大需求，主要服务于符合国家战略、突破关键核心技术、市场认可度高的科创企业。2019 年 3 月 2 日凌晨，中国证监会正式发布了设立科创板并试点注册制的《科创板首次公开发行股票注册管理办法（试行）》和《科创板上市公司持续监管办法（试行）》两份文件，办法自公布之日起实施。科创板无疑为科创企业提供了新的融资渠道，具有十分积极的意义。

科创板作为上交所新设立的独立板块，将在多方面出现重要突破：允许尚未盈利的公司上市；允许不同投票权架构的公司上市；允许红筹和 VIE 架构企业上市。更重要的是，对科创企业具有更高的包容度，将优先支持符合国家战略、拥有关键核心技术、科技创新能力突出、具有较强成长性的企业。

1.2 推动科技金融发展的动因和理论机制

科技金融在近年来的快速兴起，得益于金融创新的推动和金融中介功能的演进发展，是金融深化与金融自由化带来的结果，也是需求拉动金融供给侧改变和创新的结果。当然，为推动经济发展、科技进步和产业升级，政府对科技金融出台政策支持也发挥了重要作用。

1.2.1 金融创新的推动

1912 年，熊彼特提出了创新理论，用以解释经济周期和经济增长与发展问

---

① 数据来源于全国中小企业股转系统，http：//www.neeq.com.cn。

题。最初的创新理论主要集中在实体经济层面，很少涉及金融领域。随着金融市场的不断扩张，金融活动的创新开始活跃，一些学者开始将创新理论应用在金融领域，用来解释金融领域创新的动因和影响，直到 20 世纪 90 年代，金融创新理论体系基本形成。对金融创新活动原因的分析和解释，构成了金融创新理论的基础和重要组成部分（尹龙，2005）。

金融创新理论认为，金融创新的动因可以分为两类，即"内因说"和"外因说"。"内因说"认为，金融创新活动出现的主要原因是金融机构为追求更大的利润，降低自身风险，满足市场对金融服务的新需求；"外因说"则认为，金融创新是金融机构为适应外部经营环境变化的结果，是对科技进步的积极吸收，也是金融机构规避管制的结果。众多学者的研究表明，规避金融管制在金融创新的初始阶段是重要的推动因素，在金融创新与金融监管之间存在着一种"监管—创新—再监管—再创新"的良性博弈动态循环，但后期的监管放松并没有阻止金融创新的脚步。

莫顿（Merton，1992）指出，创新可从以下方面为我们提供帮助：一是跨越时空配置资金；二是实现资金汇集；三是对风险进行管理；四是为决策提取有效信息；五是解决道德风险和信息不对称问题；六是通过支付系统促进销售商品和服务。图法诺（Tufano，2002）将金融创新的动因归纳为以下六个方面：一是为弥补市场的不完美而出现；二是为解决代理问题和信息不对称；三是为尽量降低交易成本、搜寻和营销成本；四是对税收和金融管制的反应；五是以应对日益扩大的全球化趋势及其风险；六是技术进步冲击的结果，技术进步是金融创新的重要推动器和基础，贯穿在金融创新的全过程。多数金融创新是上述因素共同作用的结果，而不仅仅是单一因素所能决定的。

熊彼特（Schumpeter，1912）在《金融发展理论》中指出，金融创新相当于构建新的生产函数，即把新的金融生产要素和条件纳入生产函数中来。包括：引进新的金融产品；运用新的金融工具方法；开辟新的金融市场；组织创新，使生产技术对经济发展产生"创新性的破坏"，创造出新的更加适合需求的金融组织结构。该理论为科技银行的发展提供了一个有益的分析视角。也就是说，金融机构的组织结构、业务模式、产品等方面有必要进行适度的变革，以适应经济和制度的变化需求，有效促进金融机构发展。

科技银行作为一种新兴金融中介，主要依靠专业方面的优势，能够有效识别科创企业的经营状况，从而在一定程度上减少科创企业的逆向选择和信用风险等问题，提高金融交易搜索匹配的成功率。

1.2.2 金融中介功能的演进推动科技金融的发展

金融中介理论认为，金融中介是从事金融合同和证券买卖活动的专业经济部门，在促进资金的存储和信贷的使用中扮演着十分重要的作用。拥有规模经济、专业的知识技术以及专业的运营团队的优势，可降低企业信息不对称和错误选择风险带来的经济成本和风险成本，是金融中介存在和发展的重要原因。

古典的金融中介理论包括信用媒介论和信用创造论两种理论。信用媒介论以"货币只是简单的交换媒介和便利交换的工具"作为理论基础，认为银行的作用在于信用媒介而非信用创造，银行通过充当信用媒介，发挥着转移和再分配社会现实的资本、提高资本效益的作用。随着银行地位的不断提高和其业务的不断拓展，传统的信用媒介论无法更好地解释银行逐渐提升的地位和作用，信用创造论便应运而生。信用创造论的主要观点是："银行的功能在于为社会创造信用"，即银行能够通过吸收的存款进行放款，以此完成信用创造的过程。受限于当时的经济发展程度和金融环境，古典的金融中介理论主要是对银行的信用中介职能进行研究。

当今的金融中介除银行类机构外，保险公司、证券公司、财务公司等也占据着重要地位。金融中介理论的新发展中引入了信息经济学和交易成本经济学的最新成果，以降低金融交易成本为主线，对金融中介提供的各种服务进行深入的分析，认为金融中介可以利用自身优势克服不对称信息、降低交易成本，从而以比市场更低的成本提供服务，还提出了金融中介的"功能观"。

众多研究和实践均表明，金融中介是金融创新的实施者，能够促进金融创新，金融创新对增加市场供给产生了积极的影响。不同的金融中介机构可能导致不同的金融创新水平。因此，金融创新离不开银行、保险、证券公司等金融中介的支撑，金融中介机构对于科创企业的支持是必不可少的（龚明华、雷电发，2005）。

1.2.3 金融深化与金融自由化的结果

金融深化理论又被称为"金融自由化理论"，主要研究发展中国家金融与经济发展的关系。该理论认为，发展中国家要发挥金融对经济发展的促进作用，必须摒弃"金融压制"，推行"金融自由化"或金融深化。该理论的代表人物主要有麦金农（Mckinnon）、肖（Shaw）等学者。金融深化理论认为，金融领域一旦被抑制就会对经济发展产生阻碍或者破坏作用，金融自由化则带来金融部门的扩张并促进经济发展，因此，政府不应该过度干预金融部门的发展，应放松政府在金融领域过度的行政管制。金融深化理论与金融创新的要求相适应，也为科技银行的发展提供了重要的理论分析基础。

国内外学者一系列的实证研究也发现，金融发展对于科技创新具有十分积极的作用，发展科技银行对于企业创新发展具有重要的正向促进和推动作用。

1.2.4 由融资需求拉动

近年来，我国高新技术产业主营业务收入规模持续扩大，增速较快，但近年来有下降趋势。2016 年，我国高新技术产业主营业务收入突破了 15 万亿元；2017 年已接近 16 万亿元（见图 1 - 1）。在发展高新技术产业的同时，企业的研发费用（R&D）也在逐年递增，占 GDP 的比重从 2012 年的 1.91% 上涨至 2018 年的 2.18%（见图 1 - 2）。在每年的 R&D 经费支出构成中，企业资金占比较高（见图 1 - 3）。

高昂的 R&D 投入是制约科创企业发展的主要因素。企业自有资金有限，加之前期起步发展阶段风险高、回报少，外源融资的难度很大。在债务融资方面，银行出于安全性、流动性和营利性的经营原则，放贷给这类科创企业的意愿并不高，同样，由于企业规模小、处于成长阶段，企业债对于这类企业也不是好的选择；股权融资方面，大部分科创企业不符合上市条件，只能依靠创投，这远不能满足现在市场上的资金需求。因此，发展科技金融势在必行，只有通过发展专门的科技信贷、科技保险、担保、创投基金等业务，才能逐步满足科创企业的融资需求。

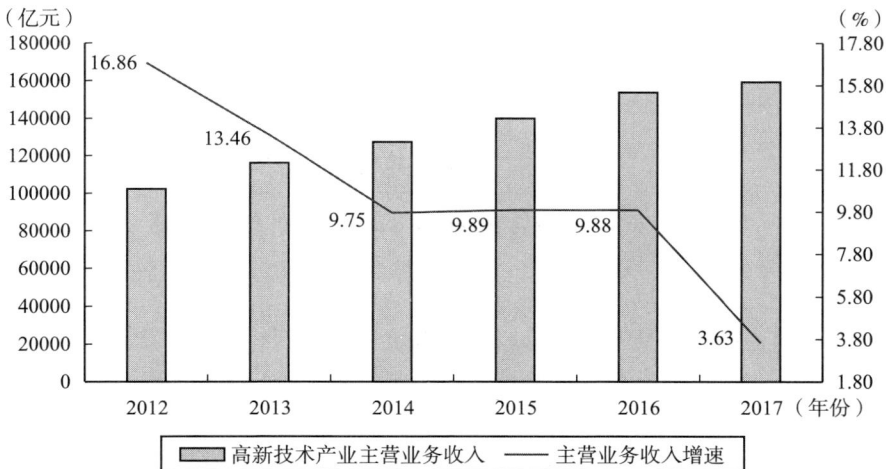

图 1 - 1 2012 ~ 2017 年我国高技术产业主营业务收入及增速

资料来源：国家统计局：《中国统计年鉴 2019》，中国统计出版社 2019 年版。

（亿元）   （%）

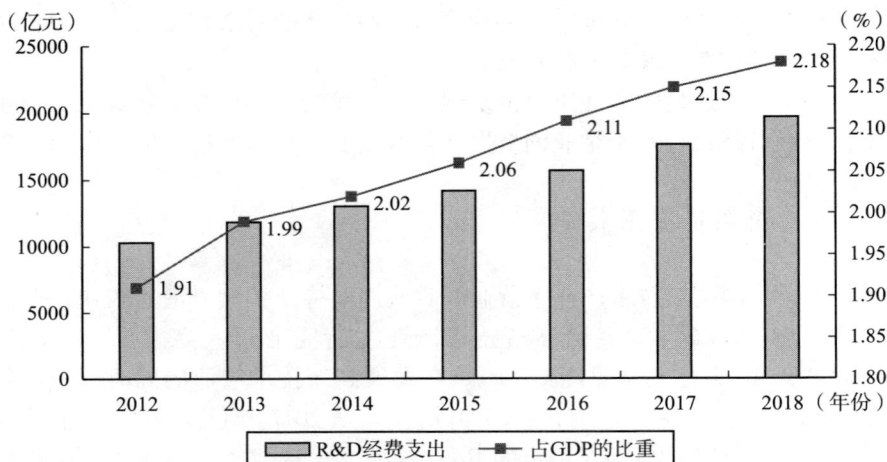

图 1 - 2　2012~2018 年我国企业的 R&D 经费支出及占 GDP 比重

资料来源：国家统计局：《中国统计年鉴 2019》，中国统计出版社 2019 年版。

（亿元）

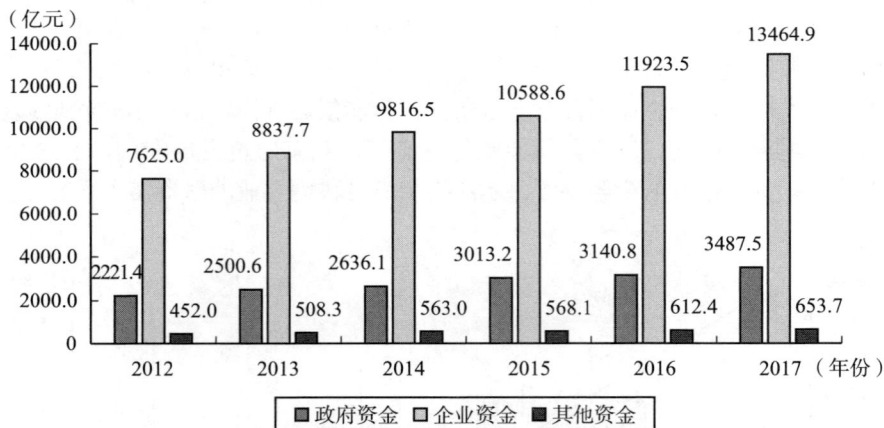

图 1 - 3　2012~2017 年我国的 R&D 经费支出资金的构成

资料来源：国家统计局：《中国统计年鉴 2019》，中国统计出版社 2019 年版。

由于科创企业的自身特质，难以从大型金融机构获得资金，因为这样的金融机构获得企业的准确信息并进行合理评估的难度较大，成本较高。与之形成鲜明对比的是，中小型金融机构与中小型的科创企业之间却具有较高的适应性，具有一定的信息优势。科创企业可通过市场参与度的方式与金融机构之间保持较好的合作关系，从而可以有效地缓解融资贵的问题。

1.3 政策支持

政府为什么在科技金融中发挥其重要作用，发挥怎样的作用，怎样发挥作用？准公共产品理论、市场失灵理论和信贷配给理论对此问题进行了深刻论述。

准公共产品理论是新政治经济学的基本理论，也是正确处理政府与市场关系、政府职能的定位与转变的基础理论。该理论提出，准公共产品是指具有有限的非竞争性或者有限的非排他性的公共产品，在性质上介于纯公共产品与私人产品之间。对于准公共产品的供给，在理论上应采取政府和市场共同分担的原则。市场失灵理论则认为，市场经济的根本特征在于通过市场完成对社会资源的配置，对于兼具竞争性和排斥性的私人产品而言，市场经济可以将其资源配置达到一种优化均衡的状态，但也会出现市场失灵情形，这时就应当由政府出面介入，对资源配置进行干预。信贷配给理论认为，信贷市场的信息不对称使得信贷市场上普遍存在信贷配给现象。

科创企业对于推动经济增长、技术创新和升级等方面起着非常重要的作用，但一般的商业银行在为科创企业提供信贷，担保机构提供信用担保时，所承担的风险与收益是不对称的，出于对科创企业特质和贷款风险的考量以及风控需要，贷款的意愿较低，科创企业成为商业银行"信贷配给"的牺牲品，常常面临融资难、融资贵等问题，很难进入市场化机制较为成熟的信贷市场，难以生存和发展，在一定程度上存在市场失灵问题。因此，为科创企业提供政策支持是具有正的外部效应的，将为社会带来更多的效益。

鉴于此，政府在发展科技金融过程中，通过出台相应的政策支持，出面矫正完全由市场机制主导的不完美性，应当也是可以有效地缓解科创企业在信贷市场中的劣势地位，并促进其发展。可见，政府应当是在科技金融体系中的主导者，在其中应扮演着出台政策支持、提供资金和服务、充当监管者等方面的角色，发挥着不可替代的重要作用。

1992 年，中国科技金融促进会（以下简称"促进会"）成立，是我国最早提出并发展科技金融的组织，标志着我国科技金融开始得到一定关注。促进会是我国民政部注册的全国性一级社会团体，是我国科技金融深入合作的结晶，也是开展科技金融工作的重要平台，现由国家科技部主管。促进会曾先后参与《促进科技成果转化法》《中共中央、国务院关于加速科学技术的决定》《中小企业法》《证券投资基金法》等调研和起草工作，向中央领导以及科技部、"一行两会"（中国人民银行、中国银监会、中国证监会）等金融管理部门提交过多项建议；

发起科创企业与创投、银行、证券、保险、担保、科技金融服务平台的对接活动，成功地为一批优质科创企业提供融资辅导服务①。

1993 年 7 月，《科学技术进步法》颁布，推动科学技术进步这一事业成为国家重要的任务之一，金融也被赋予了服务科技进步的使命，科技金融也随着国家对科技进步的重视而发展。之后，要求"银行要积极开展科学技术信贷业务"，开始探索多元化的科研经费筹集渠道，如财政贴息贷款、企业债券、创投、开发性金融、技术援助贷款、创投等，以促进企业资金的融通。

2006 年，中国银监会发布了《支持国家重大科技项目政策性金融政策实施细则》，提出政策性银行应当设立专门反映支持国家重大科技项目的各类政策性专项业务和项目的账户，实行单独管理、单独核算，并在遵循政策性、安全性、流动性和效益性原则的基础上，对国家重大科技项目给予重点支持；营造激励自主创新的金融环境，鼓励和引导政策性银行等金融机构为国家重大科技项目提供金融服务，加强政策性金融对自主创新和产业化的支持力度。同年，还发布了《关于商业银行改善和加强对高新技术企业金融服务的指导意见》，指出商业银行要确立金融服务科技的意识，应当遵循自主经营、自负盈亏、自担风险和市场运作的原则，促进自主创新能力提高和科技产业发展，实现对高新技术企业金融服务的商业性可持续发展。

2006～2010 年，财政部、中国保监会、科技部等部门相继发布了《关于进一步支持出口信用保险为高新技术企业提供服务的通知》《关于加强和改善对高新技术企业保险服务有关问题的通知》《关于开展科技保险创新试点工作的通知》《关于进一步发挥信用保险作用支持高新技术企业发展有关问题的通知》《关于确定第一批科技保险创新试点城市的通知》《关于确定成都市等第二批科技保险创新试点城市（区）的通知》《关于进一步做好科技保险有关工作的通知》等一系列关于开展并加强科技保险业务相关的政策通知，确定重庆市、天津市、北京市、武汉市、深圳市和苏州国家高新区为第一批科技保险创新试点城市（区），成都市、上海市、沈阳市、无锡市和西安国家高新区、合肥国家高新区为第二批科技保险创新试点城市（区）。通过政府的引导和推动，指导科创企业通过保险工具为企业的技术创新活动分散风险、提供保障，发挥科技保险的功能作用，支持国家自主创新战略的实施。

2007～2011 年，关于创投的支持政策频繁出台，包括《财政部、国家发改委关于产业技术研究与开发资金试行创业风险投资的若干指导意见》《财政部、国家税务总局关于促进创业投资企业发展有关税收政策的通知》《财政部、科技

---

① 资料来源：中国科技金融促进会官网，http://www.cstf.org.cn/。

部关于印发〈科技型中小企业创业投资引导基金管理暂行办法〉的通知》《关于创业投资引导基金规范设立与运作的指导意见》《关于印发〈国家科技成果转化引导基金管理暂行办法〉的通知》等，国家拿出资金设立创投基金来支持科创企业的发展。

为全面贯彻党的十七大和十七届五中全会精神，加快实施《国家中长期科学和技术发展规划纲要（2006~2020 年）》及其金融配套政策，促进科技和金融结合，加快科技成果转化，增强自主创新能力，培育发展战略性新兴产业，支撑和引领经济发展方式转变，全面建设创新型国家，2010 年，科技部会同中国人民银行、中国银监会、中国证监会、中国保监会联合开展"促进科技和金融结合试点"工作，推进科技信贷、科技型中小企业股份转让、科技保险、科技金融合作平台、科创企业信用体系或其他科技金融专项活动的开展。通过开展试点，为全面推进科技金融工作提供实践基础，为地方实施科技金融创新营造政策空间，以试点带动示范，不断完善体制，创新机制模式，加快形成多元化、多层次、多渠道的科技投融资体系（陆燕春、朋振江，2013）。

2013 年，全国中小企业股份转让系统正式挂牌运营，这是专门为非上市股份公司股份的公开转让、公司融资、并购等相关业务提供服务的第三家全国性证券交易场所，加快了我国多层次资本市场发展的步伐，为科创企业的股份转让提供了场所。

2015 年，为深入贯彻党的十八大、十八届三中全会精神，科技部发布了《关于进一步推动科技型中小企业创新发展的若干意见》，鼓励科技创业；支持技术创新；推动科创企业与大型企业、高等学校、科研院所的战略合作，探索产学研深度结合的有效模式和长效机制；充分发挥国家高新区、产业化基地的集聚作用，促进科创企业集群式发展；通过政策引导和试点带动，整合资源，完善科创企业技术创新服务体系；拓宽融资渠道；优化政策环境。同年，国务院办公厅发布了《关于发展众创空间　推进大众创新创业的指导意见》，鼓励发展众创空间等新型创业服务平台；降低创新创业门槛；鼓励科技人员和大学生创业；支持创新创业公共服务；加强财政资金引导；完善创业投融资机制。财政部和国家税务总局发布的《关于将国家自主创新示范区有关税收试点政策推广到全国范围实施的通知》中决定将国家自主创新示范区试点的四项所得税政策推广至全国范围实施，为"大众创业，万众创新"提供了良好的政策环境。

为了解决科创企业融资问题，2016 年 4 月，银监会、科技部、央行联合发布了《关于支持银行业金融机构加大创新力度开展科创企业投贷联动试点的指导意见》，允许 10 家试点银行设立投资子公司、投资科创企业，为客户提供"信贷 + 股权投资"的综合金融服务。同年，国务院印发了《"十三五"国家科技创新规划》，明确了"十三五"时期科技创新的总体思路、发展目标、主要任务和重大举措，指出在未来五年，我国科技创新工作将紧紧围绕深入实施国家"十三五"规划纲要和创新驱动发展战略纲要，有力支撑"中国制造2025""互联网＋"、网络强国、海洋强国、航天强国、健康中国建设、军民融合发展、"一带一路"建设、京津冀协同发展、长江经济带发展等国家战略实施，充分发挥科技创新在推动产业迈向中高端、增添发展新动能、拓展发展新空间、提高发展质量和效益中的核心引领作用。

2018年11月5日，国家主席习近平在首届中国国际进口博览会开幕式上宣布设立科创板，并提出在该板块内进行注册制试点工作。2019年1月30日，中国证监会正式发布《关于在上海证券交易所设立科创板并试点注册制的实施意见》（以下简称《实施意见》），《实施意见》明确，在上交所新设科创板，坚持面向世界科技前沿、面向经济主战场、面向国家重大需求，主要服务于符合国家战略、突破关键核心技术、市场认可度高的科创企业。重点支持新一代信息技术、高端装备、新材料、新能源、节能环保以及生物医药等高新技术产业和战略性新兴产业，推动互联网、大数据、云计算、人工智能和制造业深度融合，引领中高端消费，推动质量变革、效率变革、动力变革。

2019年3月，中国证监会正式签署发布了《科创板首次公开发行股票注册管理办法（试行）》《科创板上市公司持续监管办法（试行）》，上交所随即发布《保荐人通过上海证券交易所科创板股票发行上市审核系统办理业务指南》与《科创板创新试点红筹企业财务报告信息披露指引》，进一步明晰科创板配套上市和交易、披露细则。科创板的设立是国家金融支持科创企业的重要举措，是我国科技金融发展的一项里程碑。

随着科创企业的发展壮大，我国对科创企业的金融支持与优惠政策在不断推出，为我国科技金融的发展创造了有利的政策环境。政策范围涉及信贷、保险、股份转让等多层次的资本市场，也为我国资本市场的健康、全面发展提供了动力（部分相关政策文件见表1-1）。

表1-1　　　　　　　　国家级层面的科技金融的主要政策文件

颁布时间	制定单位	文件名称
2006年12月28日	银监会	《支持国家重大科技项目政策性金融政策实施细则》
2008年10月18日	发改委、财政部、商务部	《关于创业投资引导基金规范设立与运作的指导意见》
2009年3月19日	工信部、国家税务总局	《关于中小企业信用担保机构免征营业税有关问题的通知》
2009年5月5日	银监会	《关于进一步加大对科技型中小企业信贷支持的意见》

续表

颁布时间	制定单位	文件名称
2010 年 8 月 12 日	财政部、工信部、银监会等六部委	《关于加强知识产权质押融资与评估管理支持中小企业发展的通知》
2010 年 12 月 9 日	财政部、科技部	《科技型中小企业创业投资引导基金股权投资收入收缴暂行办法》
2010 年 12 月 16 日	科技部、人民银行、证监会等五部委	《促进科技和金融结合试点实施方案》
2011 年 4 月 6 日	科技部	《地方促进科技和金融结合试点方案提纲》
2011 年 5 月 25 日	银监会	《关于支持商业银行进一步改进小企业金融服务的通知》
2012 年 6 月 18 日	科技部	《关于进一步鼓励和引导民间资本进入科技创新领域的意见》
2014 年 1 月 7 日	人民银行、科技部、银监会等六部委	《关于大力推进体制机制创新扎实做好科技金融服务的意见》
2014 年 8 月 8 日	科技部、财政部	关于印发《国家科技成果转化引导基金设立创业投资子基金管理暂行办法》的通知
2014 年 10 月 9 日	国务院	《关于加快科技服务业发展的若干意见》
2015 年 1 月 10 日	科技部	《关于进一步推动科技型中小企业创新发展的若干意见》
2015 年 3 月 2 日	国务院	《关于发展众创空间　推进大众创新创业的指导意见》
2015 年 7 月 18 日	人民银行	《关于促进互联网金融健康发展的指导意见》
2015 年 10 月 23 日	财政部、国家税务总局	《关于将国家自主创新示范区有关税收试点政策推广到全国范围实施的通知》
2016 年 4 月 15 日	银监会、科技部、人民银行	《关于支持银行业金融机构加大创新力度　开展科创企业投贷联动试点的指导意见》
2019 年 1 月 30 日	证监会	《关于在上海证券交易所设立科创板并试点注册制的实施意见》
2019 年 3 月 1 日	证监会	《科创板首次公开发行股票注册管理办法（试行）》
2019 年 3 月 1 日	证监会	《科创板上市公司持续监管办法（试行）》

1.4　发展趋势与展望

随着北京、上海、杭州、苏州、广东等地科技金融业务的不断成熟，在国家大力支持科创企业发展的政策背景下，在中国人民银行、中国银监会、中国证监会、财政部、科技部等国家部门的推动下，我国科技金融将迎来快速发展。

1.4.1　从区域性尝试到全国普遍开展

除了上述科技金融业务发展走在全国前列的地区，科技金融业务已经在全国各地如雨后春笋般不断兴起，一些科技金融业务在天津市、湖北省、四川省等地纷纷开展起来，试点效应明显。在国家鼓励"大众创业，万众创新"的大背景下，科技金融将不再是某个地区独特的金融发展模式。这一服务于科技研发、成果转化和科创企业发展的金融活动将被推广至全国，真正彰显金融服务实体经济的本质。

1.4.2　相关配套法律法规和基础设施正在逐步完善

目前，国家推动科技金融发展主要通过发布相关指导意见或通知、建议等，鼓励金融机构开展科技金融相关业务。但尚未出台一部专门针对科技金融的法律法规，某些法律法规甚至可能对商业银行开展科技金融业务有着某种障碍。例如，国家《贷款通则》和《商业银行法》规定，商业银行除了并购贷款外，不得进行股权投资，这在一定程度上将阻碍科技银行与创投基金的合作。

虽然相关的法律法规略显滞后，但在实务操作层面，却是有所突破，实践先行。2012年，我国第一家专注服务于科创企业的科技银行——浦发硅谷银行成立；除此之外，我国商业银行也通过设立科技支行或事业部的形式开展科技银行业务，如中国银行、苏州银行、北京银行等，科技银行的模式日趋成熟。因此，相关配套的法律法规亟待出台，以推动我国科技银行乃至科技金融体系的形成。

1.4.3　逐渐形成以政府为基础，"科技银行 + 担保 + 科技保险 + 创投"的"1 + 4"发展模式

通过分析国内几个科技金融发展较为显著的地区可以发现，我国科技金融的发展离不开政府的支持与引导，如设立中关村高新产业园区、建设科技金融信息服务平台、创设创投引导基金等。

在科技金融发展的起步阶段，政府的作用十分显著。由于科技金融服务的对象多为风险较大、规模较小的科创企业，若没有政府的支持和鼓励，金融机构考虑到风险因素可能不会为这些企业提供融资或担保。因此，政府在科技金融发展过程中起到了主导作用，在其中应扮演着出台政策支持、提供资金和服务、充当监管者等方面的角色，发挥着不可替代的重要作用。

科技金融的发展同样离不开银行、担保、保险和创投基金。科技银行可为科创企业提供科技贷款；担保公司可为企业融资提供担保；科技保险可为提供金融服务的金融机构分散风险；创投基金可对科创企业进行股权投资，拓宽了融资渠道。随着科技金融业务发展的日趋成熟，以政府为基础，"科技银行＋担保＋科技保险＋创投"的"1＋4"发展模式将逐步形成。

1.4.4　科技金融业务和产品趋于多样化

目前，国内科技金融产品主要集中在融资方面，科技银行多与担保公司合作，为科创企业提供科技贷款。正如美国硅谷银行的经验，随着科技银行的不断成长，科技银行能给企业带来的不仅仅是信贷服务，也可以充分参与到科创企业完整的生命周期中，有针对性地为处于不同阶段的企业提供差异化的金融服务，如管理培训、协助完成股权融资、协助上市等。

2016 年，中国银监会、科技部和中国人民银行联合发布了《关于支持银行业金融机构加大创新力度　开展科创企业投贷联动试点的指导意见》，在北京中关村国家自主创新示范区、武汉东湖国家自主创新示范区、上海张江国家自主创新示范区、天津滨海国家自主创新示范区、西安国家自主创新示范区开展投贷联动业务试点，国家开发银行、中国银行、恒丰银行、北京银行、天津银行、上海银行、汉口银行、西安银行、上海华瑞银行、浦发硅谷银行 10 家银行取得试点资格。投贷联动是信贷投放与股权投资的结合，是新型科技金融产品。

1.4.5　风险控制体系更加完善

传统商业银行的信贷业务为控制风险，主要投向经营稳定、风险较小的大型企业，而科创企业由于其自身特质，融资较为困难。随着科技银行、担保公司、科技保险公司和创投基金的深入合作，其融资风险将得到有效控制。这其中，创投基金对于中小型的科创企业有着更为专业的判断，科技保险不仅可以分担风险，还能为研发提供风险防护，更能为其他金融工具的使用提供保障（连平、周昆平，2017）。加之国家对于科技金融业务的相关配套制度的不断完善，国家鼓励并支持科技人才或专家加入目标企业的选择和审查中，科技金融业务的风险防控体系将不断完善。

第2章

科技金融发展模式

纵观各国和地区的科技金融的发展特征，主要分为四种模式：以美国为代表的资本市场主导型；以德国、日本为代表的银行主导型；以以色列为代表的政府主导型；以中国台湾地区为代表的民间主导型。这些国家和地区在科技创新与金融创新的结合方面走在世界前列，且各有特色，对我国科技金融的发展有一定的借鉴意义（刘杰、孙佳圣，2018）。

2.1 资本市场主导型：美国

资本市场主导模式是以完善的金融市场体系为基础的，资本市场、创投市场等成熟的市场体系在科技金融发展中发挥着非常重要的作用，最具代表性的是美国。

美国是全球金融市场发展最发达的国家之一。在美国，资本主要通过创投、风险贷款和资本市场三种途径进入科创企业，是典型的资本市场主导科技金融发展的模式。全球知名的硅谷银行就是专门为科创企业提供全方位金融服务的金融机构。

2.1.1 创投

美国拥有成熟的创投（venture capital，VC）市场，私募基金是美国科创企业的主要融资途径。1946年，全球第一家创投公司——美国研究与发展公司（ARD）在美国成立，标志着创投行业正式登上美国金融市场的舞台。

近5年来，美国创投金额出现高位，2018年上半年达575亿美元，已经超过过去10年中6年的年投资金额（见图2-1）。

美国创投之所以能成为科创企业融资的主要方式，有以下两个方面原因。

（亿美元）

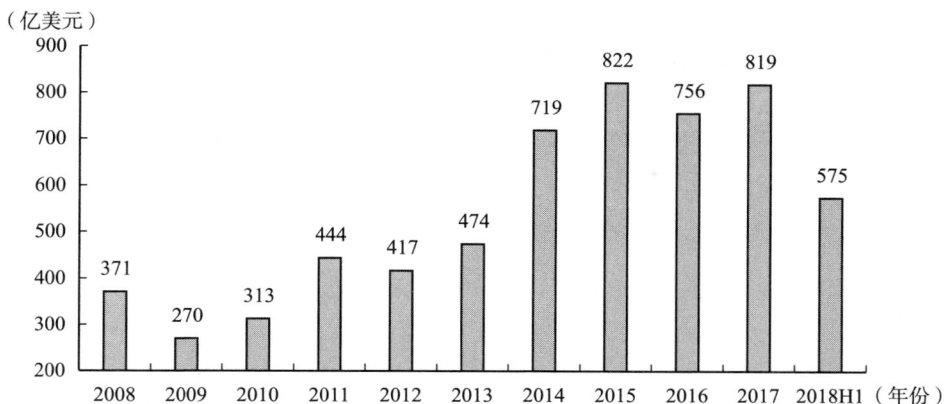

图 2 - 1   2008 ~ 2018 年上半年美国年风险投资额

资料来源：美国创投协会（NVCA）。

2.1.1.1   资金来源广泛

美国创投的资金来源十分广泛，包括养老保险基金、大学基金、天使投资者、政府、投资银行、企业、个人和家族等；1980 年后，养老基金所占的比例逐渐上升，成为创投最主要的资金来源；他们在投资上相互补充，使技术、资金在美国的企业和金融机构之间流动、融合十分活跃。

2.1.1.2   灵活、畅通的进入和退出机制

美国创投灵活畅通的进入和退出机制依赖于其发达的资本市场。常见的退出方式有首次公开募股 IPO、兼并收购、出售和清算等，据统计，美国约有 30% 以上的创投资金通过上市和股权转让等方式退出，38% 通过出售股权、股权互购等方式退出，约有 32% 的创投资金因为投资失败而被迫退出（连平、周昆平，2017；薛莉，2016）。

2.1.2   科技银行贷款

目前，美国科技银行贷款市场已经形成以 4 家银行型机构和 9 家非银行型机构为主导（见表 2 - 1），共计约 20 ~ 30 家机构从事科技银行贷款业务的市场局面。目前规模最大的机构是硅谷银行，其业务规模约为总量的 70%，提供的贷款比一般的贷款利率高出 200 ~ 500 个基点，服务公司累计超过 3 万家，坏账损失率不到 1%（李善民、陈勋、许金花，2015）。

表 2 - 1	美国主要的科技银行
4 家提供科技银行贷款的银行	Silicon Valley Bank
	Comerica Bank
	Bridge Bank
	Square 1 Bank
9 家提供科技银行贷款的非银行金融机构	Bluecrest Capital Finance
	Hercules Technology Growth Capital
	Horizon Technology Finance Management
	Lighthouse Capital Partners
	Pinnacle Ventures
	Triple Point Capital
	Velocity Financial Group
	Vencore Capital
	Western Technology Investment

资料来源：Ibrahim D M. Debt as Venture Capital ［M］. Social Science Electronic Publishing，2010，pp. 1169 - 1210.

2.1.3 多层次资本市场

美国有着全球最为健全和发达的资本市场。美国的资本市场是一种层次分明、风险分散的金字塔结构：第一层级为主板市场，主要是纽约证券交易所（NYSE），成立于1792年，是全球最大的证券市场。第二层级为二板市场，主要包括美国证券交易所和全国证券经纪商协会自动报价系统（NASDAQ）。相较于纽约证券交易所，二板市场的上市标准较低，对于中小企业来说是相对较好的选择，其中，NASDAQ 的上市门槛较低，可以为达不到正规上市要求的科创企业提供融资渠道；在 NASDAQ 的转板机制非常灵活，上市公司在低层次市场发展壮大后，在满足更高层次市场上市条件的基础上，可以通过简单的程序实现转板，同时与场外市场也是连通的，能有效满足科创企业不同发展阶段的融资需求，因此，美国最具成长性的中小企业中有 90% 以上在 NASDAQ 上市，也为美国创投市场提供了有效退出渠道。第三层级为场外交易市场，是一种采用做市商制度、无固定场所的无形市场。

此外，美国政府也在科技金融中扮演了相应角色。例如，1953 年，美国政府成立了小企业管理局，这是推动美国科技金融发展的一个重要的政府机构，由美国财政预算拨款，主要通过担保贷款、组合贷款、小额贷款、创业引导资金、赈灾贷款等形式为中小企业提供融资支持，同时也与商业银行保持良好的合作关系，开办联合贷款业务。小企业管理局（SBA）在为中小企业提供融资支持的基础上，还为企业提供融资咨询服务，为发展潜力大、自身实力较强的科创企业量身定制投资计划和贷款担保计划，为其融资提供全方位保障。通过 SBA 的运作，在美国政府层面为中小企业提供了更加完善的金融服务，进一步保障了中小企业的融资需求。

多层次的资本市场是美国科技金融发展的良好基础条件，其发达的科技银行的科技金融业务及成熟的创投市场为科技金融发展提供了重要的资金来源，完善、畅通的准入和退出机制也为科技金融服务的机构提供了保障。与此同时，政府也通过小企业管理局等政策性机构对科技金融领域形成了支持和补充。因此，美国作为科技金融发展较为成熟的国家，各方面值得我们学习。

2.2　银行主导型：德国、日本

德国和日本主要依托于在国内金融结构中占主导地位的银行体系来满足科创企业资金需求。在"银行主导型"的金融服务和融资模式下，银行业金融机构在满足科创企业融资需求方面起到了至关重要的作用。

2.2.1　德国

相较于美国，德国的资本市场发展程度较低，其银行业以混业经营为主体，全能银行占据主导地位。全能银行是指"能够从事除发行货币和抵押债券以外的所有金融业务"的银行机构。全能银行模式对德国经济的稳定发展起到了重要的作用。

德国的中小企业大多由创业者私人投资设立，主要依赖于内源融资和以银行贷款为主的外源融资。有数据显示，在德国中小企业的总债务中，约有48%来源于银行贷款（许超，2016）。形成这一现象的主要原因除了德国银行业混业经营的优势外，还有企业为保护其控制权和享受税收优惠的需要。

德国在二战后正式开始组建储蓄银行、合作银行和大众银行等专门金融机构，为中小企业提供长期、稳定的融资服务。由于允许银行混业经营，大多数商业银行均可以从事除发行货币或者抵押债券外几乎所有的金融业务，从而在很大程度上弥补了德国间接融资市场的不足。此外，为了解决商业信贷进入科技领域不足的问题，德国政府采取了以政策性银行信贷带动商业信贷的方法，鼓励复兴信贷银行等政策性银行为科创企业提供长期贷款支持，由国家为其提供担保，是落实德国政府扶持科创企业的重要金融力量。德国复兴信贷银行旗下的中小企业公司可为创业初期的科创企业提供资金支持，融资产品主要是低息贷款、次级贷款以及股权融资。目前，这些针对科创企业的金融业务已经成为复兴信贷银行的最大业务（许超，2016）。

除了有全能银行为中小企业提供信贷服务以外，联邦政府和各州还设立了担保银行，为中小企业的贷款融资提供担保服务。与针对大型企业提供的担保模式不同，担保银行针对中小企业的担保方式是通过市场化运作，以自身信用做抵押物为中小企业担保，而非直接为其提供信用担保。经过多年的发展，德国担保银行已形成了一套较为成熟的担保体系，为全能银行分担风险。有了担保银行提供的担保，中小企业往往能够获得超过其正常贷款的数额。

德国创投公司（WFG）的成立标志着德国创投市场的正式建立，是由德国政府联合 29 家德国银行共同成立，旨在为科创企业的技术创新提供风险资金。如果出现损失，将由德国政府承担大部分。1980 年以后，德国的创投进入了一个快速扩张的阶段，但投资并不成功，很多创投机构将目标转向传统工业领域，由政府补贴并大力支持的 WFG 公司也未能幸免，于 2003 年宣告失败。与美国相比，德国的创投市场有以下特色：一是政府在创投市场的发展中起到重要推动作用，受到政府大量的补贴和支持；二是资金来源方面，银行和保险提供了绝大多数的风险资本，银行和保险机构也会合作创办创投公司（李心丹、束兰根，2013）。

可以看出，德国为科创企业提供金融服务的金融机构依赖于国内的全能银行，政府设立的担保银行加以配合，共同为科创企业提供贷款，助力科技的发展，而创投市场规模相对较小。

2.2.2　日本

日本的金融体系以银行为主导，科技金融体系同样是银行主导型，其背后也是政府起主导作用。日本的科创企业的融资主要依赖于以银行信贷为主的间接融资模式。日本的间接融资市场发展较为成熟，辅之以完善的信用担保体系，银行可以为科创企业提供成本较低的融资。

与美国发达的资本市场不同，日本的金融主要依赖于银行等金融中介。二战后的日本金融体系是间接金融模式，且银行与企业之间形成一种长期稳定的关系。这种以银行作为重要媒介的金融体系在一段时间内很好地解决了市场上信息不对称的问题；但随着资本市场的不断发展，银行的优势在不断减弱，同时银行与企业之间过度密切的关系加剧了金融体系的风险，因此，日本政府开始逐步建立信用担保体系（李善民、陈勋、许金花，2015）。

日本的信用担保体系可以概括为"一项基础""三大支柱"。"一项基础"是指日本信用担保体系内的资金主要来源于政府的财政资金，同时也有金融机构注资，这些资金构成了信用保证基金。"三大支柱"分别是信用保证保险制度、融资基金制度和损失补偿金补助制度。信用保证保险制度是由政府出资设立中小企业信用保险公库，用以为中小企业提供的信用保证进行保险保障；融资基金制度指信用保证协会将政府支持的资金成立融资基金存入银行，借用银行信用提升担保机构信用，同时加强了银行与担保机构之间的沟通交流，进一步消除信息不对称；损失补偿金补助制度是对于信用保证协会代偿后不能回收的损失，将由政府资金买单的保障制度（连平、周昆平，2017）。

日本的创投市场是亚洲发展最早的创投市场之一，1951年日本政府成立了第一家创投公司，即风险企业开发银行，但随后因中东石油危机和缺乏相关经验，导致日本的创投市场的发展陷入停滞状态，直到1980年生物技术、新材料等高新技术的发展，日本的创投市场开始逐渐回暖。日本的创投模式主要参考美国市场，但是受国家经济情况和民族文化的影响，具有本国特点：一是独立的民营创投机构较少；二是由于日本的创投机构多为大型金融机构或企业的附属子公司，因此，其绝大部分资金来源于母公司的自有资金，以基金方式募集的风险资本占比较少，风险集中于母公司（李心丹、束兰根，2013）。

在政府的推动下，日本由最初单纯以银行为主导的科技金融模式发展成为以银行为主体、政策性信用担保体系和创投为补充的科技金融模式，在科创企业金融服务提供者中，银行占据了重要地位。

德国和日本的银行主导型模式，在银行主导科技金融发展的基础上，也离不开政府的引导和支持。在一定程度上，日本模式实质上也是政府主导型的另一种表现形式。与德国和日本类似，在我国金融行业中，银行业金融机构仍是企业寻求资金支持的重要主体，我们可以借鉴两国先进经验，进一步挖掘银行业金融机构在支持科技金融发展中的重要作用。

2.3　政府主导型：以色列

与资本市场和银行主导模式不同，以色列科技金融的发展依赖于政府的推动。以色列政府先后启动了"YOZMA计划""技术孵化器计划"，对科技金融的发展起到了巨大的推动作用。

2.3.1　YOZMA 计划

YOZMA 在希伯来语中是"首创、初始"之意。1990 年初期，大量涌现的高新技术企业资金严重不足，而以色列的创业投资市场却刚刚起步。1992 年，以色列工贸部前首席科学家、风投之父 Yigal Erlich 向政府提出申请拨款 1 亿美元，设立了 YOZMA 集团（国有独资公司），YOZMA 基金因此产生[①]。

YOZMA 计划与我国的创投引导基金十分相似，都由政府出资设立，用于满足科创企业的融资需求；但略有不同的是，以色列的 YOZMA 引入了国际金融机构，偏向市场化运作，且其制度设计较为完善，例如，预先设计了基金的私有化计划，值得我国借鉴（萧端、熊婧，2014；连平、周昆平，2017）。

2.3.2　技术孵化器计划

以色列的"技术孵化器计划"始于 1991 年，由以色列政府的工业、贸易与劳工部设立的首席科学家办公室（以下简称"OCS"）建立并管理。孵化器主要为科创企业提供低成本的研发设施、研发费用的资助、集中的行政管理服务、专业的指导、必要的基础设施等，其中资助项目的资金主要来源于工业、贸易与劳工部。

孵化器计划的筛选十分严格，主要分为以下三个阶段：第一阶段，向孵化器管理者提交申请，管理者将组织专家进行审查，进行初步判断；第二阶段，项目申请人向孵化器项目筛选委员会提交详细的项目申请报告；第三阶段，首席科学家办公室筛选委员会，对项目进行筛选和甄别。孵化器每年能收到 200 ~ 300 个项目申请，但通过率极低，严格的筛选保障了项目孵化的成功率。

孵化器内的项目将进行 2 年左右的孵化。项目以公司形式运行，预算经费每年至少 18 万美元，其中约 80% 的资金由以色列政府直接提供。项目的知识产权归项目公司持有，在项目公司的股权结构中，发明者占 50%，孵化器占 20%，公司职工占 10%，剩余 20% 预留给投资者，孵化和托管期间，发明人股权不得交易或转让（连平、周昆平，2017）。

为保障 YOZMA 计划和技术孵化器计划的顺利实施，以色列政府推出了"经济稳定工程"，先取消了限制私人企业融资的相关法律政策，逐步放开对金融市场的管制。同时，成立了中小企业局，专为中小企业提供人力资源建设、相关培训等服务。以色列政府还大力推进大学科技成果转化的模式。大学作为科技成果

---

① 资料来源：YOZMA 公司官网，www.yozma.com/home/。

的提供者，借助政府的孵化器或学校的技术转化中心实现科技成果的落地转化，这与我国的产学研一体化政策相似（许超，2016）。

在科技金融发展初期，政府的引导作用显得至关重要。科创企业的风险较大、回报周期较长使得传统的金融服务不愿投入，需要政府从政策层面和实际操作层面给予大力支持。

2.4　民间主导型：中国台湾地区

在科技金融的民间主导型模式下，科创企业主要通过社会机制获得资金，主要采用自我融资和非正式融资的方式。中国台湾地区的科技金融正是采用这种模式。

中国台湾地区科技竞争力较强，其人均拥有知识产权数、专利生产力、高科技出口等均居全球前列，且以中小企业为主体。因此，台湾地区科技金融的问题主要是中小企业融资问题。据台湾地区近年来的融资统计显示，其高科技公司的债权融资方面以贷款及发行公司债券为主；权益融资方面除传统上以现金增资发行新股的方式向大众募集资金外，发行海外存托凭证也是重要的融资渠道。随着金融自由化的推进深化，金融机构间竞争加剧，提高了资金使用效率，也降低了中小企业的融资成本。同时，台湾地区推出各项有利于高科技投资的措施，以有效缓解科创企业融资难题。

2.4.1　直接融资

在权益性融资方面，台湾地区成立了中小企业开发公司、投资服务办公室等机构，为中小企业提供直接融资渠道。1990 年，台湾地区中小企业发展基金、台湾地区中小企业银行等机构联合成立了 3 家中小企业开发公司：台湾育成开发、华阳开发和资鼎开发，主要投资科创企业，为其提供直接融资服务。投资服务办公室是"中小企业创业育成信托投资专户"和"加强投资中小企业实施方案"的运营和实施单位，其中，"中小企业创业育成信托投资专户"的资金来源于台湾地区中小企业发展基金，共计 20 亿新台币，采取信托投资专户方式，由 5 家投资管理公司进行管理运营，目标锁定在创新或升级转型 5 年内的中小企业；"加强投资中小企业实施方案"本质也是信托投资专户，资金来源于台湾地区发展基金，共 100 亿新台币，由 24 家投资管理公司搭配资金共同投资具有发展潜力的中小企业。

与此同时，台湾地区还积极发展创投机构，自 1982 年引进创投制度至 2013 年，共有 183 家创投公司，创投业累计投资金额超过 2600 亿新台币，共推动 400 家企业完成上市（张晓加，2013）。

2.4.2　间接融资

作为民间主导型模式的典型代表，据统计，台湾地区民营企业约有 36% 的资金来自民间借贷市场。为更好地满足科创企业的融资需求，1976 年 7 月，台湾地区中小企业银行挂牌成立，由台湾合会储蓄公司改制而成，成为最大的中小企业的专业银行，其资金全部来源于民间资本。2016 年，中小企业银行对中小企业的放款余额为 4371.81 亿新台币，占企业金融放款余额的 60.34%。

与此同时，台湾地区还鼓励一般商业银行向科创企业发放贷款，制订并实施了《银行加强办理中小企业放款方案》，奖励在支持科创企业融资方面业务发展较好的银行。台湾当局还出资，搭配商业银行贷款，支持科创企业发展，专项资金投资于定向目标，给予优惠的利率水平。

2.4.3　信用保证

中国台湾地区设立的中小企业信用保证基金，在担保项目运作模式以及与政府产业政策配合和担保效率等方面均较为成熟，有可借鉴之处。

1973 年爆发的全球性能源危机也给台湾地区中小企业带来巨大冲击。为帮扶渡过危机，1974 年成立了不以营利为目的的为中小企业服务的担保基金——"中小企业信用保证基金"（信保基金），为中小企业提供担保，帮助中小企业从金融机构获得融资。信保基金的资金来源于台湾地区各级政府和金融机构及企业界捐助。

信保基金与银行之间密切合作，风险共担。金融机构与台湾地区中小企业信保基金的合作关系，一方面，是金融机构作为信保基金资本金的来源方之一；另一方面，金融机构是信保基金担保对象的融资来源。信保基金与 3000 多家银行的分支机构建立合作，中小企业可直接到任何一家银行的分支机构办理融资贷款并申请担保。信保基金对担保项目的担保比例会控制在一定的范围内，以防金融机构道德风险行为的发生。信保基金与金融机构之间按照担保比例分担风险，这样的优势在于可使信保基金与金融机构之间在事前审查和事后对授信的管理和催收等方面均有动力密切合作。

自台湾地区中小企业信用保证基金成立至 2018 年 11 月底，该基金累计已协助 43 万余家企业自金融机构取得 743 万余件融资，信保基金融资总金额达 19 万亿新台币。2018 年 1~11 月底期间，该基金协助 113042 家企业取得融资金额计 1 万亿新台币，保证金额为 9000 多亿新台币①。

2.4.4　新竹科技金融中心

新竹科技园区于 1980 年 12 月 15 日正式成立，是台湾地区首个、也是最有影响的科技园，称为"亚洲的硅谷"，诞生了许多知名的科创企业。新竹也是台湾地区主要的金融中心之一，银行和保险公司纷纷到园区开展业务，是园区内科创企业最主要的资金支持方。创投资金也是新竹金融中心的重要资金来源，发达的场外交易市场为创投资金提供了较为完善的退出机制。

新竹科技金融中心的发展，体现了市场力量与政府政策相结合以优势互补的特色。政府在其中扮演"助推器"的角色，而市场则是新竹科技金融中心资源配置的主要手段，市场的力量引导资金向科创企业倾斜，政府则以政策为主要抓手进一步推动科技金融的发展，两者相辅相成，相互促进。新竹科技金融中心的发展有以下特点。

2.4.4.1　民营资本是园区内的重要资金来源

台湾地区以民间借贷发达而闻名，台湾当局通过规范民间借贷来促进这一市场的平稳、健康发展，支持民间资本投资或参股金融机构，并鼓励民间资本参与设立科技银行，以满足科创企业的融资需求。在新竹科技金融中心内，民间资本是重要的资金来源，主要通过科技银行、创投等方式发挥作用，支持园区内科创企业的发展，使新竹科技园区内的资金来源渠道更加通畅。

2.4.4.2　多层次的场外交易市场支撑金融中心发展

台湾地区拥有发达的场外交易市场，包括上柜市场和兴柜市场，前者与大陆地区的创业板市场较类似，后者则与新三板类似。所有 IPO 或者上柜的股票都需要在兴柜市场先挂牌交易六个月，经过审批才可以上市或进入上柜市场。多层次的场外交易市场为科创企业提供了更加丰富的融资渠道和平台，也加速了科技金融资本流向科创企业和高新技术产业的步伐（胡苏迪、蒋伏心，2017）。

2.4.4.3　政府政策与市场力量的有机结合

在充分发挥民间资本等市场作用的基础上，台湾当局在财政投入、税收优

---

① 资料来源：中小企业信用保证基金官网，https：//www.smeg.org.tw/。

惠、专项奖补措施等方面出台了支持科技金融发展的政策措施，鼓励和引导更多的资金流向科创企业。企业在入驻新竹科技园之初，需提交未来五年的研发计划，园区会根据企业提供的研发计划每年给予一定的资金补贴。针对园区内企业的投资，投资人还可以申请政府资金参与，政府最高出资比例可到49%。政府与市场力量的有机结合，使得新竹科技金融中心的科技金融发展机制更加完善。

总结来看，台湾地区在民间融资不断发展的基础上，当局也积极发挥政策的补充、支持和引导作用，逐步完善科技金融发展体系。

2.5　中国代表性地区的科技金融发展模式

目前，北京、上海、杭州、苏州、广东等省市在科技金融领域有着较为显著的发展。

2.5.1　北京"中关村模式"：先试先行、改革创新新局面

北京作为我国的首都，在政治、经济、文化等方面有着诸多的优势，在全国范围内起到了示范作用。北京也聚集了众多的科创企业和金融机构，是国家创新的先驱之地。2009年3月，国务院同意中关村科技园区建设国家自主创新示范区（以下简称"中关村示范区"）。这是我国首个国家级自主创新示范区，旨在发挥其创新资源优势，促进科技成果落地转化，推动中关村科技园区的科技发展和创新，在股权激励、深化科技金融改革创新等方面开展试点，实施支持创新创业的税收政策，支持新型产业组织参与国家重大科技项目，形成中关村科技园区先行先试、改革创新的新局面。

中关村模式是政府主导下的市场化机制运行的典型代表。中关村科技园区的科技金融生态系统是以孵化（加速）器为平台，创投、新三板市场为支撑，市场化程度较高，融资渠道更加广泛（李兴伟，2011；王勇、冯立，2016）。

根据中关村示范区统计显示，2018年1~10月，示范区实现总收入42362.5亿元，同比增长13.7%；工业总产值8609.6亿元，占全市的55.1%；利润总额3635.9亿元，同比增长10.1%；企业内部的日常研发经费支出1582.4亿元，同比增长24.2%；从业人员222.6万人，其中研发人员63.4万人，占示范区从业人员的28.5%。同期，示范区企业获得专利授权44074件，同比增长26.2%，占全市企业专利授权量的56.3%。其中，发明专利授权量17470件，同比增长18.4%，在示范区企业专利授权量中占比39.6%，占同期全市企业发明专利授权

量的 67.7%。截至 2018 年 10 月底，中关村示范区企业拥有有效发明专利 95122 件，占北京市企业同期有效发明专利量的 63.9%。

中关村初步建成了"一个基础、六项机制、十条渠道"的科技金融体系。"一个基础"是以企业信用体系建设为基础；"六项机制"包括信用激励、风险补偿、以股权投资为核心的投贷担联动、分阶段连续支持、银政企多方合作、市场选择聚焦重点；"十条渠道"包括天使投资、创投、代办股份转让、境内外上市、并购重组、集合发债、担保贷款、信用贷款、小额贷款、信用保险和贸易融资。

随着全国不断加快实施创新驱动发展战略，中关村示范区持续推进金融创新改革，园区内科技金融环境逐步优化。中关村指数作为我国高新技术产业园区发展的"晴雨表"和"风向标"，能客观、全面地展现中关村的发展，据《中关村指数 2018 分析报告》显示，近 5 年来，中关村指数呈现快速提升态势，从 2013 年的 100 上升至 2017 年的 200.9，年均提高 25.2，充分体现了示范区引领型、活力型、开放型的高质量发展态势，见图 2-2。

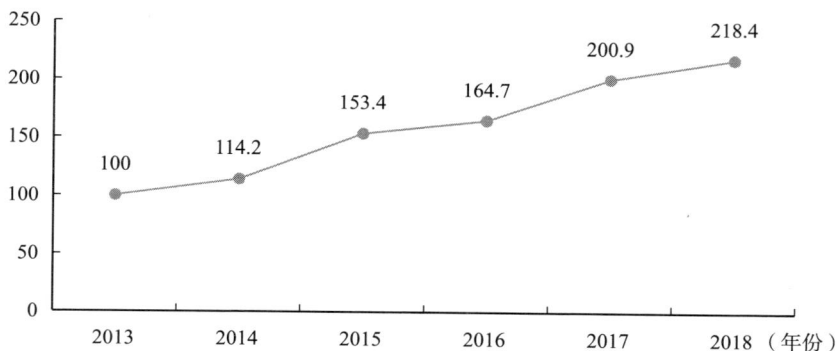

图 2-2　2013~2018 年中关村指数

资料来源：《中关村指数 2018 分析报告》。

中关村示范区金融服务科创企业取得了显著成果，据《中关村指数 2018 分析报告》显示，2017 年中关村示范区股权投资案例共 2584 起，同比增长 31.8%，占全国股权投资案例的 27.8%；股权投资金额 1557.1 亿元，同比增长 47.7%，占全国股权投资金额的 35.7%。其中，天使投资和创投额分别占全国的 42.1% 和 35.5%。

中关村示范区是全国金融支持创新创业的"风向标"。2016~2020 年，科技金融发展建设规划的制定和实施（见表 2-2），将在深化科技信贷创新、发展天使投资和创投、完善多层次资本市场体系、建设中关村互联网金融创新中心、完善科技保险体系等方面发挥示范优势，为区内企业创造良好的科技金融环境，进一步推动和完善科技金融体系建设。

表2－2 　　　　中关村示范区2016～2020年科技金融发展建设规划

深化科技信贷创新	支持各银行设立中关村分行、信贷专营机构或特色支行，鼓励银行开展业务模式创新，围绕企业融资需求，精准设计个性化金融产品；鼓励银行完善与科创企业动态分享收益的贷款利率定价机制；支持行业领军企业发起设立服务于科创企业、风险自担的民营银行，深入开展投贷联动试点和服务
大力发展天使投资和创投	支持知名投资机构、行业领军企业、产业技术联盟等发起组建天使和创投基金；加大境内外并购支持力度；支持海淀区打造中关村并购资本中心；深化境外并购和外债宏观审慎管理改革试点，探索开展"限额内可兑换"等创新试点
完善多层次资本市场体系	支持北京区域股权交易市场建设科技创新板，支持中小型科创企业发行私募债权；完善科创企业改制挂牌上市服务工作体系，建设中关村科创企业上市培育基地；推动领军企业设立符合CEPA框架的服务中关村创新创业企业的证券机构，提供专业化证券金融服务；支持科创企业利用融资工具快速发展，探索开发适应中小微科创企业成长及资信特点的金融创新产品
加快建设中关村互联网金融创新中心	争取开展中关村互联网金融综合改革试点，探索实施股权众筹试点，打造中关村互联网金融创新中心和全球众筹中心；推动中关村企业建设互联网金融资产交易、数据交易、信用信息、行业预警监控平台等第三方平台；探索建立公益性互联网金融征信研究中心；发展商业性互联网征信机构，加快制定中关村互联网金融行业标准，完善基于互联网、大数据的信用评价和风险管理机制；积极推动金融前沿技术在金融机构的应用，促进新兴金融产业发展；进一步优化金融牌照政策环境，支持中关村企业全牌照布局
完善科技保险体系	推动建立科技保险创新示范区，探索"互联网＋保险"新兴业务模式；支持保险资金投资创投基金，参与企业并购重组和示范区基础设施建设；完善信贷风险补偿机制，不断深化政府、保险、银行共同参与的风险防范和分担体系，深入推进中关村小额贷款保证保险试点建设
率先构建服务新经济的新金融生态体系	在金融领域推进技术创新、商业模式创新和科技金融创新相结合，促进科技与金融紧密结合；吸引聚集一批专注于服务中小微型科创企业的天使投资、创投公司、银行等机构，充分发挥资源对接与政策服务功能，形成科技金融机构和中介服务组织集聚发展态势，满足企业多元化金融需求
进一步完善中关村政策性金融服务支撑体系	加强政策性金融机构聚集，支持北京银监局等在中关村设立分支机构，进一步完善人民银行中关村中心支行功能定位，开展差别化监管创新试点；探索设立区域政策性金融机构，弥补商业性金融市场失灵；不断扩大中关村天使和创投引导基金规模，发挥财政资金引导和放大作用，进一步完善基金布局；争取在中关村开展天使投资和创投税收政策试点，完善企业所得税税收抵扣等政策，进一步优化天使和创投制度保障

资料来源：中关村国家自主创新示范区领导小组：《中关村国家自主创新示范区发展建设规划（2016～2020年）》。

2.5.2　上海模式：充分发挥全球金融中心的优势

上海作为全球著名的金融中心，拥有全国领先和优势的金融资源，同时也吸引了一大批科创企业。上海充分发挥金融中心的优势，支持科创企业发展壮大，形成了以科技金融信息服务平台为基础，"张江模式"先试先行，科技银行创新金融服务模式的科技金融生态体系。

2.5.2.1　科技金融信息服务平台

上海市科技金融信息服务平台由上海市科委主办，于 2012 年正式上线运行；是为科创企业提供投融资服务的公益性平台，主要为科创企业提供科技贷款、股权融资、科技金融政策等信息或申请服务，也为注册的银行和投资机构提供科创企业贷款、股权融资推荐和对接服务。在建立的科创企业信息数据库中，收录了包括国家上海创新基金项目库、上海市高新技术成果转化项目认定库、上海市科技小巨人及培育企业库等 8 个库的约 6000 家科创企业信息。目前已在平台实现网上申请科技型中小企业履约保证保险贷、科技小巨人信用贷等 4 项贷款品种。

2010 年底时，从解决科创企业"贷款难"着手，提出建立"3 + X"科技信贷产品体系的开发规划，为科创企业量身定制一系列细分化的信贷产品。"3"是指新推出的"微贷通"和之前推出的"履约贷"和"信用贷"，"X"是指开发或引进专门化或区域性的产品，目前，已有创新基金信用贷、成果转化信用贷、软件产品信用贷、知识产权质押贷款等多种方式（马翠莲，2013）。

随着上海市科技金融信息服务平台的开通，上海市科委科技金融创新产品基本实现了"全覆盖"。从初创型企业到小巨人企业，都可以根据自身特色，寻找到最合适的银行融资方案。覆盖初创期、成长早中期、成长中后期的上海"3 + X"科技信贷体系全面构建完成。

2.5.2.2　"张江模式"先试先行

2011 年，国务院批复支持上海张江高新区建设国家自主创新示范区，赋予张江深化改革、先行先试使命。张江国家自主创新示范区是上海创新发展的重要引擎、全国创新改革先导区以及上海建设具有全球影响力科技创新中心的核心载体。区内设有近 70000 家科技型、创新型企业，其中高新技术企业 3759 家；1700 多个研发机构；300 余个公共服务平台；部属、市属高校 42 所；院士 176 人、国家"千人计划"586 人，本市"千人计划"383 人，是上海产业发展和高端人才集聚地。2017 年，区内规模以上企业总营业收入 4.25 万亿元，同比增长 10.8%；净利润

2820 亿元，同比增长 13.1%；战略新兴产业产值突破 1 万亿元①。

2015 年底，《上海张江国家自主创新示范区促进科技金融服务和企业融资资助办法（试行）》（以下简称《办法》）开始实行。《办法》明确表示要建设科技金融服务平台，为企业提供金融产品服务。

2.5.2.3 科技银行创新金融服务模式

在政府出台政策、建立科技金融信息服务平台的同时，科技银行也为上海科技金融发展起到了极大的推动作用。2012 年 8 月，浦发硅谷银行在上海成立，这是国内首家拥有独立法人地位的中美合资科技银行，浦发银行和硅谷银行各持股 50%。浦发硅谷银行致力于服务科技创新企业，在中国打造"科技创新生态系统"。

浦发硅谷银行重点关注上海、北京、深圳及其周边地区，为软件、硬件、医疗及生命科学、清洁技术或其他商业创新领域的科技创新企业提供专业的金融服务；业务以贷款为主，产品包括无公式贷款、定期贷款、应收账款池融资、定期贷款、并购贷款、过桥贷款（内保外贷、外保内贷）、第三方担保贷款、保证金贷款、银团贷款、境外拆入跨境同业人民币拆放、境外借入跨境同业人民币借出等，以满足不同企业的个性化融资需求。

据浦发硅谷银行年报数据显示，2018 年 12 月 31 日，浦发硅谷银行的贷款和垫款余额达 25.35 亿元，行业和地区分布见表 2-3 和表 2-4。

表 2-3　　　　　2018 年底浦发硅谷银行贷款和垫款余额行业分布

行业名称	金额（元）	比例（%）
信息传输、计算机服务和软件业	1762240681	39.28
租赁和商业服务业	827086373	18.45
批发和零售业	688652301	15.35
制造业	452845018	10.09
科学研究和技术服务业	385639257	8.60
教育	180786315	4.03
居民服务和其他服务业	87424095	1.95
交通运输、仓储和邮政业	37290792	0.83
金融业	36556109	0.81
保险业	27071314	0.60
住宿和餐饮业	466441	0.01

资料来源：浦发硅谷银行 2018 年财务报告及审计报告。

① 资料来源：张江国家自主创新示范区网站，http://www.zjsfg.gov.cn。

表 2 – 4　　　　　　　浦发硅谷银行贷款和垫款余额地区分布

地区	金额（元）	比例（%）
北京	1524684160	33.99
上海	1371026496	30.56
广东	629316109	14.03
江苏	250696448	5.59
浙江	208472674	4.65
四川	32235972	0.72
湖北	9669562	0.22
陕西	3833563	0.09
天津	3394146	0.08
河北	2793555	0.06
境外	449936011	10.03

资料来源：浦发硅谷银行 2018 年财务报告及审计报告。

在上海市政府和以浦发硅谷银行为代表的科技金融机构的共同努力下，上海科技金融的发展取得了阶段性成果。2018 年，上海市银监局与上海市科委联合发布了《2017 年上海科技金融发展报告》（以下简称《报告》），《报告》对上海地区科技金融发展情况作了阶段性总结，截至 2017 年末，上海市科技型企业贷款余额首次突破 2000 亿元，达到 2071.27 亿元，较年初增长 38.05%，科技型企业存量客户增长了 21.66%，其中科技型中小企业贷款客户数量占比达到 89.40%。

2.5.3　杭州模式："四位一体"的科技金融体系

杭州作为浙江省的省会，汇聚了一大批科技创新企业。根据科技部火炬中心发布的《2019 年中国独角兽企业榜单及趋势研究报告》显示，截至 2018 年 12 月 31 日，中国"独角兽"企业共 161 家，总估值 7134.9 亿美元，其中杭州占 17 家，数量位列第三，总估值位列第二。

在科技金融支持科技创新的道路上，杭州也一直走在前列。《杭州市全面创新改革试验实施方案》中提出了杭州市创新发展的"三年目标"，即各类人才总量达到 220 万人、研发投入占地区生产总值的比重达到 3.2%，高新技术企业达到 3000 家，科技型中小企业超过 10000 家，在电子商务、物联网、互联网等领域形成若干具有国际竞争力的产业集群，全市以信息经济为主的高新技术产业突破 7000 亿元，高新技术产业增加值占工业增加值的比重达到45%以上（余雯雯，2016）。

杭州市高科技投资有限公司（以下简称"杭高投"）是杭州市政府授权杭州市财政出资成立并由杭州市科技局共同管理的综合性国有投融资公司，注册资本26亿元。主要负责杭州市创业投资引导基金、天使投资引导基金、政策性担保、投融资服务。杭高投经过近二十年的探索，公司不断创新，正在为杭州率先探索出一条"无偿资助+政策担保+科技贷款+引导基金+周转资金+上市培育"的科技金融独特的创新路径，称之为"杭州模式"。综合来看，杭州科技金融的模式是以"政府引导，市场化运作"为主要思路，以杭州创投服务中心为支撑，构建"政银担"联动体系，政府出台针对科技创新企业的金融支持政策，并使用财政资金设立基金、提供财政补贴，以保障企业融资；科技银行创新金融产品，使政府支持科技创新企业的政策要求落到实处；政策性担保公司提供担保服务，进一步促成科技创新企业实现融资需求，最终形成"四位一体"的科技金融服务模式，有效缓解了科技创新企业的融资难题，促进了科技创新企业的健康发展。

2.5.3.1　杭州市创投引导基金

2008年4月，杭州市财政局、科技局等6部门出台《杭州市引导基金管理办法（试行）》，由政府出资设立杭州市创投引导基金，旨在通过扶持商业性创投企业的设立与发展，引导社会资金进入创投领域。基金定位于不以营利为目的的政策性基金，按照"项目选择市场化、资金使用公共化、提供服务专业化"的原则运作。引导方式主要采用阶段参股和跟进投资的方式。阶段参股是指引导基金向创投企业进行股权投资，并在约定的期限内退出；跟进投资是指对创投企业选定投资的科创企业，引导基金与其共同投资[1]。

截至2019年10月底，市创投引导基金共完成58只基金的签约设立，基金总规模达86.97亿元，创投引导基金参股子基金共投资项目542个，累计投资金额为60.37亿元，其中杭州市项目342个，占比63.1%；金额39.39亿元，占比65.25%[2]。

2.5.3.2　杭州银行科技文创事业部（科技支行）

2009年，杭州银行成立了专门开展科技金融业务的科技支行，财政局的科技扶持资金和创投资金均存入科技支行注资；科技局出资设立高科技担保公司，配合提供担保服务；人民银行杭州中心支行等为科技支行提供相关的政策便利。

---

① 杭州市人民政府官网：http://www.hangzhou.gov.cn/index.html。
② 杭州市人民政府官网：《杭州市创业投资引导基金斩获两大奖项》。

　　科技支行与政府、创投机构、科技园区和担保公司实现了协同发展，搭建了银政、银投、银担和银园的合作模式，实现了科技金融服务一体化。杭州银行科技支行设立了专门的资金账户，资金主要来自私募基金的托管资金存款、企业结算存款、政府扶持资金和已有上市企业的募投资金，科技支行还建立了由产业专家、投资专家、信贷专家和技术专家组成的专家咨询委员会，负责评审项目的信用风险（连平、周昆平，2017）。

　　科创企业的风险特征和信贷审批要求有别于传统制造业，为此杭州银行科技支行在客户准入标准、信贷审批授信机制、信贷风险容忍政策、业务协同政策和薪酬考核政策等方面，实行"五个单独"信贷管理政策，以降低科创企业银行融资的准入门槛和融资成本，提高科创企业的融资效率，见表 2-5。

表 2-5　　　　　　杭州银行科技支行"五个单独"信贷管理政策

单独的客户准入标准	引入单独的信贷打分表，由专家咨询委员会进行联合信贷评审
单独的信贷审批授信机制	采取"风险管理前移"政策，以达到"在一个机构内完成一定风险下的决策"，由杭州银行总行向科技支行派驻专职审批人员等风险管理岗位人员；贷款额度在 3000 万元以下的，可以在支行一站式完成审批
单独的信贷风险容忍政策	风险容忍度为 1.8%，是普通贷款的 2 倍
单独的业务协同政策	坚持专营化的同时，为充分利用其他支行网点资源，杭州银行对全行其他机构出台专门的业务协同政策
单独的薪酬考核政策	为科技金融客户单独设立专项考核办法，对科技金融专营机构设立差异化的 KPI 考核，在内部考核上降低科技金融客户的资本回报率要求，同时将政府财政性补贴纳入机构考核收入，以激励机构发展科技金融业务

　　资料来源：连平、周昆平：《科技金融：驱动国家创新的力量》，中信出版社 2017 年版；丁峰：《杭州银行的科技金融创新》，载于《银行家》2016 年第 4 期。

　　2006 年，杭州高科技担保有限公司成立，这是浙江省内最大的政策性融资担保机构之一，旨在为科技型中小企业提供专门化融资担保服务。为降低科技型中小企业的融资成本和融资门槛，杭州高科技担保公司推出了"联合贷审会"等管理方式，突破了传统的银行及担保机构审贷模式；联动杭州市各区县（市），共建"联合天使担保"（风险池）基金。杭州高科技担保公司还与杭州银行合作，为杭州银行的科技贷款客户提供配套的金融服务。同时，还远赴美国硅谷，设立杭州硅谷孵化器，取得了显著的成效。截至 2016 年 12 月末，已累计成功推动了 48 家高质量的海外优秀高科创企业落户杭州或形成落户杭州意向。其中才云科技、生捷科技、斯坦福精准医疗等 13 家高科创企业已经在杭州落户[①]。

---

　　① 李诗诗：《"杭州模式"2.0 版引领科技金融深度结合》，载于《科技金融网》2017 年 1 月 25 日。

2.5.4　苏州模式：科技银行主导科技金融发展

苏州的科技金融生态系统主要是以科技银行为基础，并以此搭建"政府 + 银行 + 担保 + 保险 + 创投"五位一体的科技金融生态系统；在金融产品创新方面，越来越多地采用股权加债权的科技金融产品组合化（张云伟、徐珺、周效门，2015）。

在苏州的科技金融生态系统中居于核心地位的是江苏科技银行。科技银行创新金融产品，放宽对科创企业的贷款条件，给予科技产业化更多的资金支持；在政府的示范引导效应下，保险、担保、创投等多种金融机构被政策吸引；同时设立科技型中小企业技术创新基金、创投引导基金、重大科技支撑与自主创新专项引导资金等，为科创企业提供全方位金融支持，形成风险共担、利益共享地支持科创企业发展的科技金融系统（张忠寿，2015；王勇、冯立，2016）。

2.5.4.1　江苏银行开发多项科技贷款产品

作为江苏省最大的上市银行，自成立以来，江苏银行就将支持科技创新、支持科创企业发展作为江苏银行工作的战略重点。2009 年，江苏银行通过"科技之星"这一明星产品开启了科技金融业务的探索之路。随后，江苏银行紧紧抓住"科技金融"这一新的经济增长点，围绕"两专""两借""两联"的业务模式，全力支持科创企业成长，推动科技创新发展和产业升级。

"两专"是指专营和专注。专营是通过设立科技支行，构建专门的业务流程和模式；专注是把科技金融业务作为南京地区的特色业务倾力打造，推出科技之星、软件之星、基金宝、履约保证保险贷款等专门产品。"两借"是指借势和借力。"两联"是指联动和联贷。联动是通过总、分、支行三级联动，对接省、市、县各级科技园区及各类孵化器，全面推广科技金融业务，主动对接国家千人计划、省双创人才计划、科创企业家计划，发放科技人才贷、创业贷；联贷是联合创投、基金、担保、保险等各种金融资源，通过投联贷等方式，放大金融杠杆，助推企业成长（陈海辉，2016）。

近年来，江苏银行打造了科技金融"星系列"特色产品，该系列产品包括科技之星、人才之星、三板之星、投贷之星、成长之星五大板块，围绕"债权 + 股权"和"企业 + 人才"两个维度，为科创企业及科技人才提供覆盖全生命周期的金融服务。2009 ~ 2018 年，江苏银行共支持科创企业客户近 6000 户，提供贷款支持超过 550 亿元，科技金融各项指标市场占有率稳居江苏省第一，培育了300 多家上市、挂牌企业[①]。

---

① 资料来源：江苏银行官网，http：//www.jsb china.cn/。

2.5.4.2 交通银行苏州分行"五个一"工程

2010 年 11 月，苏州地区首家科技分行——交通银行苏州分行成立，交通银行苏州分行参照"硅谷银行"运营模式，联合地方政府与其他金融机构、中介机构等多维度力量，打造"银行 + 政府 + 保险 + 担保 + 创投 + 券商"的"6 +1"模式，其本质是以银行为主导的科技金融产业链，有效整合金融资源，实现从单一的信贷供给者到综合金融服务商的角色转变。交通银行苏州分行还搭建了各类科技资源与金融资源对接的平台，通过创新金融产品、金融工具和金融服务，给予初创或快速成长的科创企业全生命周期的金融服务，享受与其同步成长的价值，实现科创企业与金融机构合作共赢的良好局面（连平、周昆平，2017；常瀚文，2017）。

2012 年，交通银行苏州分行创新科技金融业务新模式，推出"五个一"工程，即"一种模式""一个基地""一套产品""一类体系""一个品牌"（见表 2 - 6）。随着科技金融业务的不断发展和扩展，交通银行苏州支行又于 2013 年对"五个一"工程的内涵进行升级，即"建立一个联盟""深化一个基地""创建一个指数""完善一个网站"和"发展一个模型"（见表 2 - 7）。

表 2 - 6   交通银行苏州分行"五个一"工程

一种模式	创新性地推出"6 +1"模式，整合金融资源
一个基地	依托交通银行博士后工作站、南京大学博士后流动站苏州实验基地，打造产学研一体化发展平台
一套产品	创业一站通、展业一站通、卓业一站通"金伯乐"系列产品，科贷通、投融通、商标权与专利权担保贷等特色融资
一类体系	成立准事业部制的金融创新和科技创新结合部，形成"三专、四化"的服务体系，建立专业团队为科创企业提供专属服务，实行独立化的运营团队、专业化的服务模式、多样化的金融产品、市场化的激励手段
一个品牌	科技之路，创新有道

表 2 - 7   交通银行苏州分行"五个一"工程新内涵

建立一个联盟	全力打造"苏州市金融创新和科技创新结合创新创业联盟"这一人才与资本集聚的新平台
深化一个基地	继续深化交通银行博士后工作站与南京大学博士后流动站苏州实验基地的产学研平台的建设
创建一个指数	创设金融创新和科技创新结合评价指数
完善一个网站	进一步完善金融创新和科技创新结合网功能设计，使其成为金融创新和科技创新结合业务申请、宣传、综合服务的线上平台
发展一个模型	设计科技型中小企业融资能力评价模型，为科技型中小企业的评价提供标准化的参考

2.5.5 广东模式

近年来，广东在财政投入和银行科技信贷结合、科技金融与科技资本市场结合等方面做了很多尝试和创新，形成了科技与金融互动的良好局面，走出了一条有广东特色的科技金融道路。广东省在以下多个方面采取措施，全方位支持科技金融发展。

第一，财政资金支持科技金融发展。广东省政府的科技经费投入近年来保持逐年稳定增长，财政科技拨款额稳步增加，R&D 投入力度加大，地方财政的科技支出整体也呈现增长的态势，在 R&D 经费中所占比重逐渐增加。2018 年，广东省规模以上工业企业 R&D 经费达到 2107.20 亿元，地方财政科学技术支出达1034.71 亿元，均位居全国第一，见图 2-3。

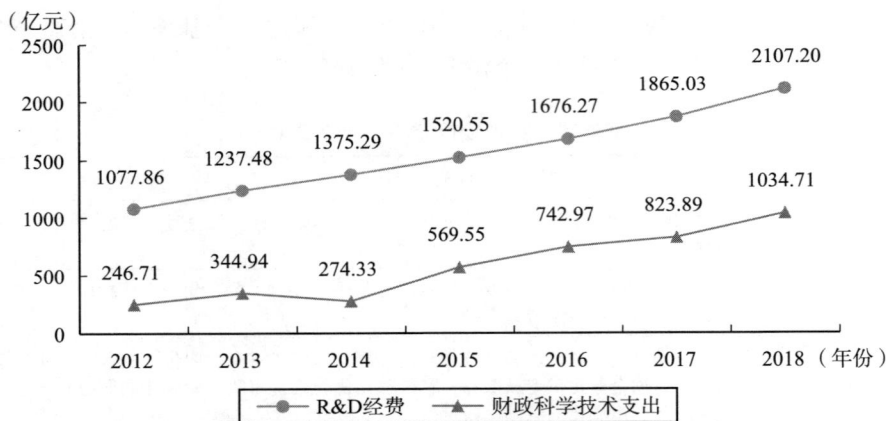

图 2-3　2012～2018 年广东省规模以上工业企业 R&D 经费及财政的科技支出
资料来源：国家统计局。

第二，设立高新技术产业投资基金。广东省设立了 200 亿元的高新技术产业投资基金，重点支持电子信息、生物医药和海洋科技等产业，自 2009 年开始，每年固定安排 5000 万元专项资金支持科创企业发展。从 2012 年开始，广东省财政每年安排超过 1 亿元信用保险专项扶持资金，用于支持科创企业积极投保短期出口信用保险、小微信保易专项保险和进口信用保险。

第三，完善资本市场，为科创企业提供平台。目前，广东省已构建了包括主板市场、创业板市场、三板市场在内的多层次科技资本市场。

第四，大力发展科技贷款。2008 年，国家开发银行（以下简称"国开行"）和广东省合作，由广东省拨出 1 亿元设立"贷款风险准备金"，国开行在 5 年内配套 180 亿元风险贷款用于科创企业。目前，广东省已经初步形成商业银行科技贷款、政策性商业银行科技贷款和民间金融科技贷款共同发展的局面。

第五，积极探索科技保险业务。目前，针对高新技术企业研发的产品保险已经逐渐开展，如由惠州市科技局、中国出口信用保险公司广东分公司和华泰财产保险公司联合推出的针对惠州高新技术企业的科技保险。

第六，建设信用担保体系，优化科技金融环境。目前，广东省已在全省建设企业信用体系，担保体系建设也在有序开展，还逐步推进针对企业管理人士的培训活动。

第七，成立科技金融综合服务中心，实现科技金融服务网络全省覆盖。2014年 10 月，广东省科技金融综合服务中心在广州成立。该服务中心是广东科技金融服务网络的实施牵头单位和中枢，其主要职能是推动科技金融综合服务中心在各地级市、高新区分中心建设，逐步建立起覆盖全省的"线下实体 + 线上网络"的科技金融服务网络，组织各类科技金融资源，与各地科技金融服务平台上下联动，开展多层次的投融资咨询及对接服务活动。目前，服务中心共设有约 25 个分中心。

其中，广东省科技金融综合服务中心汕头分中心，是广东省第一家科技金融综合服务分中心，已进驻多家金融及中介服务机构，初步形成金融产业供应链聚集区。汕头分中心主要从创业孵化、项目立项、知识产权质押、设备融资租赁、贷款贴息、企业上市辅导等多方面、全周期为科创企业提供全面服务，充分发挥了区域载体优势和加速科技成果转化的服务载体优势。除传统的金融服务以外，汕头分中心还推动"物流为基础、电商为手段、金融为保障"三位一体模式的建设，为科技型中小微企业提供针对性的保税仓、融通仓、应收账款融资等金融配套服务，保障科创企业持续、健康发展。

东莞分中心由科技金融信息服务平台、政策服务平台、投融资服务平台和基层科技金融工作站服务网络（"三平台一网络"）组成，坚持"政府搭台、多方共建、资源共享、合作共赢"的原则，初步形成了省、市、镇三级联动机制，为东莞市企业投融资提供全方位一体化服务。东莞分中心的一大特色就是在乡镇和街道建立科技金融工作站，将科技金融深入扎根基层，作为东莞分中心的重要网络节点，基层的科技金融工作站积极在辖区内开展资源深度对接、政策咨询、科技服务等方面的工作，充分发挥其对周边环境和企业的良好的熟悉度，更有针对性地为科创企业提供有效的金融服务。

2.5.6　总　结

总结北京、上海、杭州、苏州、广东等地区的科技金融模式，可以发现，我国科技金融的发展离不开政府的支持和引导；与此同时，科技银行及商业银行的科技支行也有着举足轻重的地位。我国现阶段科技金融发展模式具有如下特征。

第一，具有较强的政策导向性。科技金融发展较快的这些地区均有国家和地方政府明确的政策支持。当地政府通过设立示范区、科技金融信息服务平台、创投引导基金等方式，引导当地科技金融的发展，表现出显著的政策导向性特征。

第二，科技银行是科技金融的重要主体。在政府出台政策、建立科技金融信息服务平台的同时，科技银行也为我国各地区的科技金融发展起到了极大的推动作用。例如，浦发硅谷银行作为我国首个拥有独立法人地位的科技银行，为上海地区科技金融的发展贡献了极大的力量；杭州银行成立了科技文创事业部，专门开展科技金融业务；江苏银行将支持科技创新、支持科创企业发展作为重要发展战略；交通银行还在苏州地区成立了苏州支行作为科技支行，为科创企业提供金融服务；等等。科技银行以及商业银行的科技支行在我国科技金融发展过程中起到了重要作用。

第三，充分运用互联网和大数据技术。上海、广州等地相继成立科技金融信息服务平台，将互联网、大数据等高新技术应用于科技金融发展中，全面实现信息化建设，为科技金融的发展提供更加便利的基础设施。

第 3 章

科技银行的定位及监管

3.1 科技银行的业务定位

3.1.1 将金融创新与科技创新相结合

科技银行是将科技创新与金融创新相结合，为科创企业等在研发、成果转化直至实现产业经营等各个阶段提供金融服务的专业性金融机构（王立平等，2017）。

在美国，科技银行又被称为风险银行，在开展科技信贷业务的同时，还与创投基金开展全面合作，直接或间接地参与对创业企业的投资，同时还为创业企业持续提供多元化的增值服务，在其不同的成长阶段提供有针对性的金融服务；因此，科技银行不仅仅是银行业金融机构，更是有针对性地向科创企业提供科技信贷及配套金融服务的专业金融机构。

硅谷银行已与500多家创投基金建立了全面合作关系，合作内容主要包括三个方面：一是硅谷银行向创投基金提供开户和基金托管等金融服务；二是直接投资或贷款给创投基金，硅银创投公司已经投资入股400余只创投基金，同时也向创投基金提供贷款，一般每家为1000万~4000万美元；三是向获得创投基金的企业提供融资服务。除了硅谷银行进行贷款外，硅银创投公司也进行直接股权投资，一般每家的投资金额为100万~400万美元。

我国科技银行可以加深与创投基金的合作，通过投资或贷款方式将资金转移至创投基金，以创投基金为通道，并充分利用创投基金的专业优势，将资金投入到最具价值的地方。

在国内，通常把为科创企业提供贷款等传统融资服务的银行称为科技银行，且多为传统银行的一个分支机构，并非独立的法人，因此，开展的业务较为单一，尚处于起步阶段。目前，我国的科技银行主要开展传统信贷类业务，即直接向科创企业提供债权融资。主要有以下模式：一是"统借统还"贷款模式，如典型的"银政企合作"的贷款模式；二是创新型抵押或质押贷款模式，其中包括知识产权质押贷款、股权质押贷款、应收账款和订单质押贷款以及其他抵押质押贷款等；三是创新型担保贷款模式，包括高新技术企业组成联保小组、互相提供担保、联保贷款、创投机构为高科创企业提供担保等；四是其他模式，如有科技专项经费、引进外部评级机构参与的科技贷款等。

2016 年 4 月 21 日，中国银监会、科技部与中国人民银行联合出台了《关于支持银行业金融机构加大创新力度　开展科创企业投贷联动试点的指导意见》（以下简称《指导意见》），提出银行业金融机构中的试点机构可以在境内设立具有投资功能的子公司，向科创企业开展股权投资活动；而机构业务部门则可设立科技金融专营机构，专司与科创企业股权投资相结合的信贷投放。《指导意见》中将投贷联动定义为"银行业金融机构以'信贷投放'与具有投资功能的子公司'股权投资'相结合的方式，通过相关制度安排，由投资收益抵补信贷风险，实现科创企业信贷风险和收益的匹配，为科创企业提供持续资金支持的融资模式"。目前，开展投贷联动业务的银行业金融机构已有多家商业银行。

3.1.2　针对需求进行业务创新

科创企业由于自身特质，发展面临着融资难问题，资金缺口巨大。可以说，科创企业融资市场需求巨大，市场潜力很大。金融机构在激烈的市场竞争中，为追求生存和发展，必须适应外部经营环境变化，满足市场对金融服务的需求。

美国的硅谷银行是目前世界上为科创企业提供金融服务最成熟、也最成功的金融机构之一。与国外的科技银行相比，国内的科技银行业务种类单一，业务规模较小，且大部分不具有独立法人资格（但浦发硅谷银行拥有独立法人资格）。通过借鉴硅谷银行业务，我国科技银行业务可在以下方面拓展市场，进行业务和产品创新，满足市场需求。

3.1.2.1　为客户提供全生命周期的金融服务

硅谷银行将科创企业的生命周期分为三个阶段，并分别成立独立的业务小组为它们提供不同时期有针对性的金融服务。

在加速器（accelerator）阶段，企业处于初创期或发展早期，产品还在研发过程中，尚无销售收入或销售规模很小。硅谷银行主要提供中长期创业贷款，与创投资金进行配套，以支撑企业完成产品研发并实现对外销售。

在成长期（growth）阶段，企业的产品已进入市场，销售收入日益增长。硅谷银行主要为企业提供业务发展需要的流动资金贷款，一般采用应收账款质押等供应链融资产品。

在公司金融（corporate finance）阶段，企业的销售规模已经超过7500万美元。硅谷银行向企业主要提供现金管理和全球财务管理解决方案。

借鉴硅谷银行的业务模式，我国科技银行也可以为科创企业提供全生命周期的金融服务，处于不同生命阶段的企业的需求不同，有针对性地开展业务可以帮助科技银行更深入地了解企业，提高资金使用的效率，同时也更有利于企业的阶段发展。

3.1.2.2　为企业提供持续的多元化增值服务

除资金支持外，硅谷银行还为科创企业提供多元化的增值服务，助力企业创业成功，形成多赢局面。硅谷银行下设企业创业平台，主要为初创企业提供各种培训及管理服务，给予创业者有针对性的建议与服务，提升管理能力，向企业引荐投资者，协助完成股权融资。在其他发展阶段，也提供多方面的增值服务，例如，介绍业务合作伙伴、物色技术和管理人才与协助企业开拓市场，推进国际化等。

这一业务也是我国科技银行未来业务拓展的方向之一。对于科创企业来说，仅仅获得融资支持尚不够。科技银行在传统银行业务的基础上，可结合企业需求，为其提供管理支持、业务推介等多元化的增值服务，帮助企业快速成长，这也有利于科技银行获取回报。

3.2　科技银行业务产品的主要特色

科技银行除具有一般商业银行的众多特征外，还具备以下显著特色。

第一，科技银行专业化程度较高，准入门槛较高。科技银行面向科创企业，主要促进科技开发、科技成果转化与产业化，促进科创企业和产业的发展，旨在解决科创企业轻资产贷款难的问题，为其提供适合需要的特色化金融服务，在此过程中需要专业的科技创新考察、评估、支持团队来支撑整个融资项目运作，专业化程度较高，因此，具有较高的准入门槛和壁垒。

第二，科技银行有别于传统商业银行，业务模式较复杂。科技银行在经营模式、产品交易要素的设计、产品定价、风险控制、分散和转移的方式和手段等方面显著地有别于传统商业银行。例如，传统的产业融资的风险管理范式，如财务指标分析、固定资产抵押等方式难以适用科创企业。再如，科技银行与创投机构开展密切合作、债权与股权投资相结合、科技贷款债权股权间的可转换性等，使科技银行不仅仅是传统意义上的商业银行，而且与其他金融机构合作开展"投贷联动"等业务。科技银行在与传统的商业银行在经营模式、业务种类、业务操作上有巨大差异，决定了其具有鲜明的自身特征。

第三，科技银行产品创新程度较高，具有较强的个性化、多样性特征，产品同质化程度较低，可拥有垄断竞争地位。科技银行的主要客户群体是科创企业，与传统企业相比，科创企业在研发和技术升级、成果转化等方面有着极大的资金需求，且不同领域、不同阶段的科创企业的融资需求也各不相同，这就决定了科技银行的产品需要有针对性地满足不同融资需求的企业。因此，科技金融产品的创新程度非常高，产品设计多样性强，个性化特征明显，同质化程度较低。例如，开发的风险担保基金、担保期权、结构化分级产品等，以适应不同客户的产品需求。

第四，政府介入程度较高，在其中扮演着重要作用。总体上看，为鼓励和支持科创企业的发展，政府通常会出台各项政策措施，营造对科创企业发展友好的市场环境，如推进园区建设、出台奖补、减税等措施，鼓励金融机构进行产品创新等。并且，在诸多科技金融产品中，政府也是直接参与收益共享和风险分担的交易主体之一。

第五，以科技银行为主体，涉及众多交易参与机构。科技银行考虑到科创企业的特质，在设计科技金融产品时，需要通过其他主体对其风险进行转移、分担、补偿以及处理信用不对称等问题。因此，科技金融业务和产品需要政府、商业银行、创投基金、担保公司、保险公司、社会征信机构等不同机构主体的加入，以实现各个参与方收益共享和风险分担的最优配置。

3.3　对科技银行的监管

金融创新与科技创新的结合在有效促进经济发展的同时，也为金融体系带来了新的挑战。在促进科技金融发展的过程中，一个重要问题就是如何有效防范可能带来的风险和挑战。国外有学者认为，良好的监管应当能及时有效地纠正市场失灵，从而保障金融市场的顺利并降低金融风险（Barth et al.，2006）。而要降低风险则需要金融监管者应当具备良好的前瞻性，尽可能早地在风险暴露之前就提前预防金融业务和产品创新所带来的潜在风险，因为一旦风险真正暴露之后通常就难以挽回（Kellermann et al.，2013）。另外，监管也不能只是死板地限制金融创新，而是需要与时俱进，在有效管控风险的基础上促进金融科技的创新发展，并最终支持实体经济发展。因此，对科技金融的监管的本质，应当是对金融创新又制约又鼓励的双向促进、互相作用的动态平衡。目前世界各国的科技金融监管体系各有不同，核心点就在于对于金融监管"防风险"和"促创新"两个目标的平衡侧重，其中比较有影响力和代表性的有英国监管模式和美国监管模式。

3.3.1 英国监管模式

由于自 18 世纪工业革命以来，英国一直是世界经济的重要一极，金融市场发达而活跃，金融监管政策环境宽松并鼓励创新，英国金融行为监管局（FCA）为消除不利于金融创新的监管壁垒，建设性地与金融科创企业合作，于 2015 年 3 月提出了"监管沙盒"（regulatory sandbox，也译作"监管沙箱"）模式（Fenwick，2017），并于 2016 年 6 月正式实施。"沙盒"始于计算机语言，是一种保护计算机安全的虚拟技术，通过设立代码访问权限，构建虚拟区间，进而通过试验来检验某些程序的实际效果。"监管沙盒"可以形象地比喻成是一个"安全实验箱"，创新性的金融业务、金融产品就好像是"实验品"，科技金融创新机构可以向 FCA 申请进行"沙盒"测试，取得有限授权后可以在"监管沙盒"这个实验箱中先进行"实验操作"，如果实验成功（即 FCA 对测试过程检测和评估后获得了认可），则对创新性的金融业务、金融产品给予正式的监管授权并大范围推广。FCA 有五类主要的管理工具以进行"监管沙盒"管理：限制性牌照、个别指导、规定豁免与修改、无异议函、非正式的引导。其中，限制性牌照是最主要、应用最普遍的管理工具。在具体实施中，企业首先需要对其创新业务、创新产品进入"沙盒测试"提出书面申请，申请成功后 FCA 会指派专项人员与企业就测试方案定期沟通协调，并最终完成一套完整的测试方案，这个过程一般需要 10 周左右。测试方案通过以后，金融机构可以正式进入"沙盒"开始测试，时间一般为 3 ~ 6 个月，依据具体需求而定，进入测试的机构每 1 ~ 2 周需要与 FCA 专项人员进行沟通汇报。在测试完成后，金融机构须向 FCA 汇报测试结果并提交一份最终报告。若测试结果成功，则 FCA 为金融机构颁发正式牌照；若测试结果失败，则测试金融机构或者改良升级业务、产品并继续测试，或者放弃创新的金融业务、产品（测试流程见图 3 - 1）。

"沙盒测试"为包括科技金融业务创新在内的金融创新提供了合适的空间，既促进了金融业务的创新和投入应用，又可以使监管机构及时发现监管和限制政策是否可行，真正使监管与创新相互促进，协调共赢（王仁祥、付腾腾，2018；廖理等，2018）。

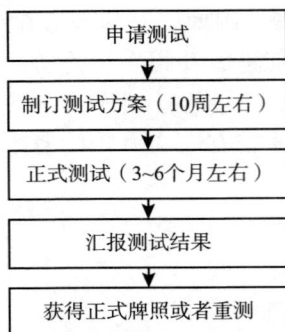

图 3-1 英国"监管沙盒"测试流程

在英国"监管沙盒"实施的第一年里，第一组进入测试的公司中有 90% 的公司已将金融创新拓展至新市场，40% 的公司在测试中或者测试结束后得到了融资。在英国的"监管沙盒"政策并取得初步成果后，新加坡、澳大利亚、加拿大等十多个国家和地区纷纷效仿推行"监管沙盒"制度（见表 3-1），且在实际施行中根据各自国家或地区的实际情况做出不同的调整和创新，更加具有主动性和灵活性的特点。例如，新加坡"监管沙盒"模式中明确规定了测试终止运行的具体条件、降低监管要求的适用范围等；加拿大"监管沙盒"模式则不对金融创新设置具体标准，而是结合具体个案识别，以达到灵活指导和适应新技术的变化的目的（柴瑞娟、常梦，2018）；澳大利亚"监管沙盒"更是直接在对金融创新的业务品种、产品限额、客户人数等条件符合规定的情况下直接给予测试者许可证豁免（陈园园，2018）。此外，瑞士、科威特、西班牙等国家和地区也在计划推行该制度作为主要监管思路。

表 3-1　　　　　截至 2019 年 1 月开展"监管沙盒"的主要国家和地区

国家和地区	实施机构	开始时间
英国	金融行为监管局	2016 年 6 月
澳大利亚	证券和投资委员会	2016 年 6 月
阿联酋阿布扎比	阿布扎比国际金融中心	2016 年 6 月
中国香港地区	"金融管理局"	2016 年 9 月
	"证监会和保监会"	2017 年 9 月
马来西亚	国家银行	2016 年 10 月
新加坡	金融管理局	2016 年 11 月

国家和地区	实施机构	开始时间
毛里求斯	投资委员会	2016 年 11 月
印度尼西亚	金融服务管理局	2016 年 12 月
泰国	中央银行	2016 年 12 月
	保险委员会办公室	2017 年 6 月
荷兰	金融市场管理局	2017 年 1 月
	中央银行	
加拿大	证券管理局	2017 年 2 月
巴林	中央银行	2017 年 6 月
中国台湾地区	"金融监督管理委员会"	2017 年 12 月
美国亚利桑那州	州总检察长办公室	2018 年 3 月

资料来源：刘帆：《沙盒监管：引入逻辑与本土构造》，载于《西南金融》2019 年第 3 期。

"监管沙盒"的本质是金融监管试验，根本目的是解决"创新与监管之间平衡点"问题。由于工业革命以来英国一直是世界经济的重要一极，金融市场发达而活跃，政策环境宽松并鼓励创新，因此"监管沙盒"这种对于金融业务创新、产品创新包容性强、促进度高的监管模式得以孕育和发展。同样的情况也适用于新加坡、澳大利亚等小型开放经济体。

由于"监管沙盒"政策在创新与风险防范的平衡点中更加侧重于创新，因此，在金融风险管理和竞争公平性上的局限性也引发了关注。有学者认为，"监管沙盒"政策能够在可控条件下促进金融创新和发展，但在沙盒环境下金融创新的良好运转并不必然表明也可推广适用于条件不可控的更广泛范围（Walch，2017）。同时，过长的"沙盒"申请周期也难以充分发挥出"监管沙盒"模式降低创新成本、提高金融效率的优势，在金融体系中占据优势地位的老牌金融机构可利用"监管沙盒"的制度设计制订有利的市场标准从而限制市场竞争（Cohen，2018）。因此，监管机构在制订"监管沙盒"方案时，应首要考虑如何降低实施给金融创新带来的各项成本。金融稳定理事会金融科技组（FinTech Issues Group of Financial Stability Board，2017）也指出，全球范围内金融监管机构在建立"监管沙盒"时，追求的主要目标应当是消费者保护、市场完整性、金融的包容性，以及促进创新或竞争。此外，有学者指出，"监管沙盒"模式主要适用于英国、新加坡等体量相对较小的开放性经济体，但可能不适用于诸如美国这样的经济规模庞大的国家。

3.3.2　美国监管模式

　　与英国、新加坡、中国香港地区等规模相对较小而金融创新氛围浓厚的市场相比，美国的金融体系规模庞大，且拥有长期的分业监管的传统，在 1929 年、2008 年两次严重的金融危机使美国官方对于金融监管倾向于保守谨慎。事实上，1933 年通过格拉斯—斯蒂格尔法案确立金融分业监管原则的重要促成因素就是 1929 年的大萧条。对于包括科技金融产品创新在内的金融创新的态度以"负责任的创新"为主要基调。在一定程度上，英国等国家和地区的"监管沙盒"的政策倾向是促进金融创新，而美国监管的政策倾向则是为了防止金融创新带来的风险，事实上，美国的金融监管部门对于金融创新业务的监管始于打击欺诈行为。因此，相比于英国等国家和地区的金融监管，尤其是科技金融创新的监管体系，美国的金融监管体系呈现出更加谨慎和严格的特点。

　　以"监管沙盒"的政策为例，不论是美国金融监管机构还是国会对于实施"监管沙盒"的政策态度都非常保守谨慎，尽管 2008 年金融危机后美联储采取"量化宽松"的货币政策，对个人和小微企业的贷款金额逐渐放宽，但是银行仍旧持不愿放贷的态度（Mills，Karen Gordon and Brayden McCarthy，2016）。截至 2018 年底，美国联邦层级的"监管沙盒"仅有美国消费者金融保护局（CFPB）一个部门推出，州一级仅有亚利桑那州推出"监管沙盒"。

　　具体到对于科技金融产品创新的监管，1953 年，美国成立了小企业管理局（SBA），这是美国科技金融体系中重要的政府机构，在为企业提供融资、担保等金融服务的同时，也承担着制订和实施相关政策的作用。与此同时，随着大数据等新技术的发展，美国正在不断运用并开发新的技术手段，来强化科技金融监管效果。如对于首次币发行（ICO）、比特币等科技型创新企业的创新型融资模式，美国的金融监管体系也能与时俱进，严格监管。如 2017 年 7 月 25 日，美国证券交易委员会（SEC）发布的调查报告指出："联邦证券法的基本原则适用于使用区块链技术的虚拟组织或融资实体""数字化的价值工具和使用分布式账本、区块链技术而发行的产品、不能游走于联邦证券法之外"，并明确对 ICO 项目的监管权。

3.3.3　中国监管模式的现状和展望

　　目前，我国内地仅浦发硅谷银行是拥有独立法人资格的科技银行，其他科技银行多以商业银行下设科技支行或业务部的形式开展科技银行业务，科技银行大体上正处于起步阶段。因此，国家还没有专门针对科技银行的监管政策。对于科技银行业务的监管以商业银行监管框架为基础，以针对科技银行业务的政策文件为辅助。科技银行作为传统商业银行的一部分，适用于传统商业银行的监管体系，并依据最新出台的政策通知开展相关业务，主要受中国银保监会和中国人民银行的监管。

科技银行的运营又不同于传统的商业银行，主要体现在以下几个方面。

一是提供服务的对象不同。传统商业银行提供金融服务的对象范围更为广泛，包括企业、个人、社会团体等。而科技银行主要面对科创企业，为其提供科技信贷及配套金融服务。

二是提供融资服务的审查标准不同。传统商业银行吸收公众存款，并为企业提供融资服务，其经营遵循安全性、流动性、营利性原则，其中安全性原则最为重要。因此，在为企业提供融资服务时，更看重企业的授信情况、经营规模、盈利能力等指标，并通常需要企业通过抵押或担保的形式来取得贷款。科创企业鲜有可抵押的资产，且经营规模、盈利能力等指标难以达到传统商业银行的标准，因此，较难从传统商业银行取得贷款。而科技银行有独特的信贷审查标准，主要针对科创企业，更看重企业未来的成长空间，两者在信贷评估时所采用的标准不同。

因此，有些针对传统商业银行的监管指标和标准对于科技银行并不适用。由于受到分业监管的政策环境影响，《商业银行法》规定我国商业银行不允许从事股权投资，这在一定程度上限制了科技银行的业务创新发展。为助力科技金融的发展，保障科技银行业务的正常开展，国家出台了一系列与科技信贷、商业银行开展科技银行业务有关的政策文件，指导并监督我国科技银行业务的开展。

2006 年 12 月 28 日，中国银监会发布了《关于商业银行改善和加强对高新技术企业金融服务的指导意见》，对商业银行开展针对高新技术企业的金融服务提出指导，要求商业银行要按照有关法律法规，根据高新技术企业金融需求特点，完善业务流程、内部控制和风险管理，改善和加强对高新技术企业服务。

2009 年 5 月 5 日，中国银监会和科技部联合发布了《关于进一步加大对科创企业信贷支持的指导意见》，对科创企业的范围进行了界定，并提出要建立银行业支持科创企业的长效机制。

2016 年 4 月 15 日，中国银监会、科技部和中国人民银行联合发布了《关于支持银行业金融机构加大创新力度　开展科创企业投贷联动试点的指导意见》，明确了投贷联动试点范围和条件，并对试点机构的组织架构设置、业务管理与机制建设进行规定；同时，要求试点省（市）银监局依据这一指导意见，结合各级政府支持科技创新的有关政策，因地制宜制定辖内试点机构开展投贷联动业务的具体实施方案，加强事中事后管理。

近年来，关于"监管沙盒"制度引入我国的适用性讨论逐渐升温。相比于英国、新加坡等地，我国的金融市场规模庞大和创新相对不足；而与美国相比，我国金融市场还不够发达成熟，不能很好地满足个体和企业尤其是科创企业的融资需求，需要甚至在鼓励金融业务和产品的创新以填补科创企业融资等市场空白。因此，立足于中国金融体系的发展现状和国情，中国的金融监管尤其是对创新性科技金融产品的监管，由于需要鼓励科技金融产品的创新，因此，具有"监管沙盒"制度的特征，一定程度上也兼具地方特色。

从本质上分析，"监管沙盒"制度的理念与我国改革的理念乃至改革路径都有一致性和相同性，即"先试点，再总结，最后推广"，从而做到既管控风险又能促进金融创新的发展。正是由于这样一种"一致性"或者称之为"兼容性"，"监管沙盒"模式在我国具有较好的适应力和较低的推行阻力，更易被金融高层决策关注和采用。北京、上海、贵阳、赣州多地所称的"监管沙盒"试验正是这种体现。另外，中国经济和金融体系庞大而复杂，监管能力和水平不能达到完全精细化管理的程度，甚至对于某些过于激进的金融创新，如首次代币发行（ICO）等由于无法精准发力监管而选择"一刀切"式的禁止。这也意味着，我国引进"监管沙盒"应当结合各地情形，渐次推进。

此外，为了更好地对科创企业进行金融扶持，也有学者提出，由于大部分科创企业无法达到国家级层面的"监管沙盒"准入门槛，可以在国家层级的"监管沙盒"之外引入由行业自律协会主导和监控的"虚拟沙盒"。"虚拟沙盒"在利用云计算技术的基础上，运用公共数据集运行测试虚拟沙盒，从而降低科创企业的融资和业务开发成本。

总的来看，对科技金融的监管应当把握好创新与监管的适度平衡，实施创新式监管，积极探索监管科技、监管沙箱等新手段在中国的适用性和可行性，让科技金融创新"走得动、行得通、做得正"，也要让监管部门对科技金融创新"看得到、穿得透、管得住"。在风险可控的前提下，引导和鼓励科技金融业务创新发展。

第 4 章

科技金融产品设计流程

4.1 科技金融产品设计的主要内容与步骤

科技金融产品设计要遵循一般金融业务的产品设计步骤。当然，在具体的实施中则有所不同，主要步骤如下。

第一，科技银行筛选合适的目标企业和项目。即对相关科创企业进行筛选，以针对不同的科创企业匹配相应的科技金融产品。

第二，确定产品设计的基本交易要素和交易机制。产品设计应根据科创企业特征和其金融需求，又要考虑科技银行的业务优势，与政府、担保机构、风险机构的协同等因素。

第三，确定定价目标，分析各影响因素对定价的影响。定价目标一般考虑选取利润最大化、开拓市场、保持竞争力等目标。定价因素应当主要考察科创企业所处在的行业发展状况、企业研发、经营管理水平、发展前景等企业层面的因素，收益共享与风险分担等交易机制要素，以及市场供求、同业竞争、政策支持与监管等因素。

第四，制订定价策略，并选择定价方法，测算出基准价格。科技银行的定价策略主要集中在成本导向、需求导向策略。定价方法主要有成本导向定价、需求导向定价、综合定价等。选择出某种定价方法，测算出基准价格。

第五，结合政策导向、市场竞争环境、与客户的关系等因素，估算和确定科技金融产品的合同价格。

科技金融的产品设计流程涉及机构设置和职能、管理制度、产品分析、交易要素设定、定价方法、评估与反馈等多个方面，是一个完整的动态反馈的流程。科技银行根据发展战略、市场定位、定价策略、成本收益、收益共享与风险分担等交易机制要素，以及市场供求、同业竞争、政策导向和支持等因素，结合本行或其他银行的数据和案例，形成产品设计和定价基准的框架和区间，以此作为确定具体产品的合同价格所参考的指导、参考标准和基础。

在实务操作中，产品设计也是一个动态反馈的流程（见图 4 - 1），可分解为：在总行层面形成产品设计和定价基准，在分（支）行或科技金融业务部层面确定合同执行的结构化产品和价格[①]。

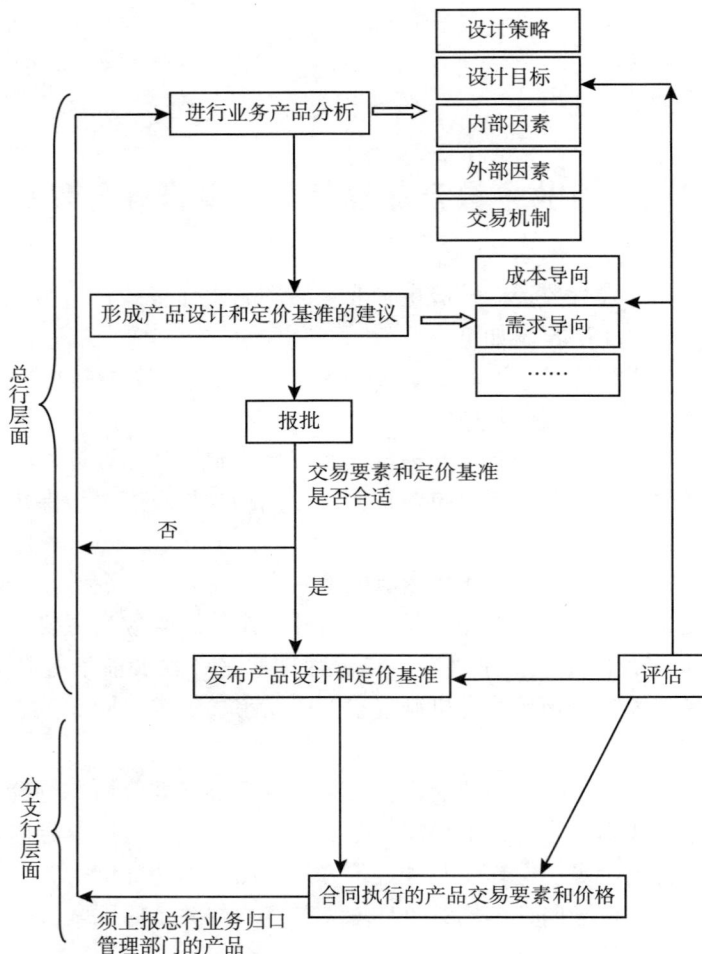

图 4-1 科技金融的产品设计的基本流程

资料来源：郭田勇等：《商业银行中间业务产品定价研究》，中国金融出版社 2010 年版。

---

① 当然，在实践中，两者也不是截然分开的，可能会有相当的融合；或者是主要授权科技支行或专设的科技金融业务部自行确定产品的交易要素和机制。

4.1.1　形成产品设计和定价基准

科技金融的产品设计和定价基准主要由总行层面的业务归口管理部门承担和形成。涉及以下主要内容和流程。

（1）对科技金融业务产品进行分析，提出产品设计和定价基准的建议。总行层面的业务归口管理部门考虑科技银行业务目标、产品成本收益估算、客户、同业情况、政策支持及监管要求等影响因素需求，结合基于定价方法和模型的估算，以及压力测试和情景假设分析的结果，向业务委员会或类似职能机构提出可适用于具体产品的交易要素、交易机制和定价方法的建议；并应可操作性地形成产品设计方案，定量化地估计出定价基准。之后应规范地提出审批报告，报告应包括产品交易要素和交易机制、定价方法，形成产品设计和定价基准的主要考虑因素及建议，分（支）行意见等内容。

（2）职能机构负责对产品设计和定价基准进行审议，并报主管领导审批。产品设计和定价基准获批后，业务归口管理部门及时向监管等部门报备，确保业务操作符合监管要求。在报备后，业务归口管理部门应及时通过信息共享平台发文或通知形式向全行发布并执行。

产品设计和定价基准有效期不能过长，否则将不能适应动态的市场竞争环境；但也不能过短，否则将使得相关部门和人员难以操作和适应。有效期结束后，业务归口管理部门应根据新的形势，及时调整基准。在有效期内，如遇重大市场变化，也应及时调整基准。调整程序类似于制订程序。

产品设计和定价（基准）是一个反复动态的过程，应建立相应的评估机制，反馈了解市场对价格的接受程度，并不断调整和完善。总行层面的业务评估牵头部门应不定期对产品交易机制和要素、定价基准进行评估，并及时向业务归口管理部门反馈评估结果，提出调整意见和建议。

4.1.2　确定合同执行的产品交易要素和价格

合同执行的产品交易要素和价格是与客户确定的最终成交执行的交易要素和价格。一般应在产品设计和定价基准的框架和区间内。当符合总行的授权条件时，合同执行的产品交易要素和价格的确定主要是由科技金融分（支）行或专设业务部层面的相关业务人员和机构来承担。合同内容的确定涉及以下主要内容和流程。

（1）产品的业务经办人员在产品设计和定价基准的框架和区间内，进一步具体分析与客户关系、客户潜在价值、成本、风险、各方的收益共享与风险分配交易机制等因素，并参考同业情形，提出合同执行的产品交易要素和价格的建议。

（2）对合同执行的产品交易要素和价格的建议进行审议及审批。审议应由专业的具有丰富经验的经办具体业务的职能机构进行，审查建议是否合理可行。原则上，建议的合同价格不得低于定价基准的下限。实务中，对创新的且尚未发布产品设计和定价基准的业务产品，可遵循一事一报的例外审议原则，将拟与客户签订的合同交易要素和价格建议上报业务归口管理部门。在形成最终合同执行的交易要素和价格的过程中，应当有一定灵活性。既要坚持风险补偿、成本补偿等原则，又应结合现实的市场情形，达成有利于实现银、企、政、担、投等各方共赢的交易要素和价位。

产品设计和定价机制涉及总行与分（支）行之间，各机构与部门之间的职责分工与配合；也涉及科技银行与科创企业、政府、担保机构、创投机构、其他商业银行等经济主体之间的利益共享与风险分担等交易要素和交易机制。将在后续章节对这些问题进行深入研究。

4.2　产品设计的基本原则

科技银行向科创企业提供融资和金融服务时，遵循一定的产品设计的基本原则。

4.2.1　流动性、安全性和盈利性原则

科技银行在经营过程中，吸收存款等资金来源并创造信用。无疑的，在其经营过程中，也应当遵循流动性、安全性和盈利性等原则。

一般来说，为保证银行贷款的安全和银行资金链的流转，银行存款的期限应与贷款期限相匹配。考虑到我国科技银行多为商业银行分（支）行或者是专设业务部门，所以科技银行的流动性管理在很大程度上可不必拘泥于科技分（支）行或业务部门层面，而应当是从全行的整体角度，进行流动性管理。

科技银行的客户群体定位于科创企业。由于科创企业的特质，要求商业银行在经营过程中维持适度的自有资本比率，慎重选择资产和投资组合，分散和管理风险，实现安全经营。

科技银行的经营也是以盈利性为目的的。至少在长期上，科技金融业务必须

确保其盈利，这样才能得以继续经营与发展。提高盈利水平，应主要从改善银行的经营管理水平入手，提升服务，改进交易机制等方面来实现。

4.2.2　效益性原则

科技银行作为市场上的交易主体，开展科技金融业务、设计产品的交易要素和制定产品定价策略，最终目的是为了实现经济效益和社会效益的最大化。经济效益最大化意味着科技银行在规避市场风险的基础上，保证利润最大化。同时，科技银行本身也承担着社会效益最大化的企业社会责任，在开展业务和进行定价的过程中，要充分考虑到社会效益，提高银行商誉，增加社会影响力。这样不仅能保证科技银行实现利润最大化，还可以增加公众、企业、同业、政府和监管部门对科技银行的认可和支持。

4.2.3　差异化原则

科创企业由于处在不同的企业生命周期阶段，也分布于不同产业，处在不同的产业周期，个体差异化较大。这就要求科技银行依照科创企业的实际情况，产品设计的非标准化或标准化程度较弱，并实行差别化定价的原则。对于信用良好的客户，应提供优惠条件；对于预期还款能力较差的客户，可以适当增加贷款利率，减少甚至拒绝贷款。

4.2.4　风险—收益匹配原则

正是由于科创企业的个体差异化较大，科技银行也应遵循风险与收益相匹配原则，根据贷款风险差异制定不同的贷款利率，对风险较高的科创企业应收取较高的贷款利率；反之，则给予更多的优惠。

4.3　产品设计的策略、目标

科技银行根据其总体发展战略、市场定位和业务发展战略，综合考虑其竞争优势、市场等因素，形成和确定在各时期的科技金融业务的产品设计的策略和目标。

4.3.1　产品设计策略

产品设计策略是指导开展科技金融业务的一些基本原则和方法。科技银行分析金融市场中的各种因素，结合自身业务优势，设计和提供适合科创企业特征、满足其需求的科技金融产品。

适当的产品设计策略能够保证科技银行实现其战略目标。成本导向策略是产品价值的基础，决定着银行提供产品时所能接受的最低价格；需求导向策略是在了解客户需求、价格弹性以及非价格弹性后，制定的客户能够接受的价格等产品交易要素。一般来说，对于盈利能力相对较弱的业务产品，出于维持商业银行业务产品系列的完整性、企业形象以及社会责任，产品设计策略可采取成本导向定价策略；但对于附加值高、技术含量高、产品差别大、非标准化程度高的业务产品，应当向需求性导向转变。

对于科技银行来说，在考虑成本因素的基础上，主要采用需求导向定价策略。科技金融业务和产品的交易机制较为复杂，非标准化程度高，非常适合采用需求导向的产品设计策略。实施需求导向的前提和基础是需要深入了解客户需求，进而才能设计和提供良好的金融产品和服务。

4.3.2　产品设计目标

科技银行在不同的阶段、地域可能有着不同的产品设计目标，也可以区分为短期目标和长期目标两种。短期目标主要为开拓市场等；长期目标则主要为树立品牌和形象、优化服务等方面。产品设计应当在银行的发展方向和经营战略指导下进行。

4.3.2.1　应对竞争

随着金融体系的发展和金融自由化的推进，金融机构也面临着越来越大的市场压力，需要积极创新业务和产品，以满足市场的多样化需求。市场份额目标是金融机构经营状况与竞争能力的衡量标准之一。金融机构常常选择降价来提升市场份额。一般来说，伴随着销量增加带来的规模效应将使得产品单位的成本降低，从而可以以更低的价格进入市场，因此，可以攫取更大的市场份额，从而可能进入良性循环轨道。

但是，科技银行一般不能主要依靠低价策略。科技金融业务的进入门槛较高，垄断竞争性强，产品的非标准化程度较高，交易机制较为复杂。因此，对于科技银行来说，过分强调低价策略和定价方法并不可取，一般不宜据此来提升市场份额。最终，还是要依靠优化金融产品，提升产品的附加值，不断满足科创企业的多样化需求，才能使科技银行占有较大的市场份额。从科创企业的角度来，其更加注重的是融资的可获得性和金融服务质量，对价格的关注倒可能是居于其次。再者说，市场规模的扩大并不意味着盈利能力同比例的增强。

4.3.2.2　利润最大化

利润最大化（或投入成本最小）是一般企业运营的主要动力和最终目标。包括长期利润最大化和短期利润最大化。短期利润最大化的目标是与绩效考核机制联系在一起的。例如，我国商业银行对分支机构的利润考核大多以季甚至是月为周期单位考核，并以此作为核定绩效的重要依据。考核周期过短或者过于频繁，可能会诱导片面追求眼前利益，忽视长远利益。科技金融业务的开展周期一般来说应当相对较长，所以考核周期也应当放长远一些。

实现利润最大化并不一定意味着通过高价格或高销量，而是要全面考察市场状况，综合权衡产品的销量与成本和价格间的相互影响，充分了解产品的需求函数和成本函数。此外，还需考虑为实现自身利润最大化所采取的行动将会面临着合作机构、竞争对手、客户以及监管部门的应对。在较准确地掌握某种科技金融产品的需求与成本函数的情况下，可以通过建模得到最大化时的产品价格：

需求函数：

$$Q = a - b \times P \tag{4-1}$$

其中，a、b 为大于 0 的常数；Q 为产品的需求量（贷款规模）；P 为产品的价格（贷款利率）。该函数体现了需求随价格反向变化的关系。

成本函数：

$$TC = FC + VC \times Q \tag{4-2}$$

其中，TC 为某产品的总成本；FC 为固定成本；VC 为变动成本。

总收入函数：

$$R = P \times Q \tag{4-3}$$

其中，R 为总销售收入（利息收入）。

由此可得，总利润：

$$Z = R - TC = P \times (a - b \times P) - [FC + VC \times (a - b \times P)] \tag{4-4}$$

对利润函数求导得：

$$dZ/dP = a + b \times VC - 2b \times P \tag{4-5}$$

当 dZ/dP = 0 时，Z 有极大值，所以得到 P = (a + b × VC)/(2b) 为科技银行获得最大利润时的产品价格。

4.3.2.3　树立形象，提高市场知名度

品牌形象是金融机构最重要的无形资产，良好的信誉和优质的服务是生存和发展的基石。在当前各银行产品同质化严重的背景下，为应对竞争，必须加大创新力度、提供特色产品。科技银行业务交易机制较为复杂，是具有较高技术含量和进入壁垒的较高端业务，可以凭此制定较高的价格，有意识地通过"高价、高质"凸显银行的品牌和形象。反过来，科创企业也愿意为优质产品和服务支付更高的价格。

4.4　产品设计的影响因素分析

合理的产品设计应该综合考虑经营成本、市场供求与竞争程度、客户认可程度等多种因素。其中，有些因素是银行的内部因素，主要包括银行的业务定位、成本状况和服务质量等，能为银行主动控制和调控。

4.4.1　业务定位

科技银行的业务定位越清晰，设计的产品交易要素就越合理。由于价格敏感性不同，针对不同细分市场客户的价格也存在着差异，不能采取"一刀切"的定价方法。

4.4.2　成本

成本是银行能够持续经营的基本条件，也是影响产品价格的基本因素。成本包括：（1）人力成本，即与提供产品相关的在人力方面的专项支出或应分摊的费用。按照产品运行的环节，主要包括研发人员费用、营销人员费用、柜面服务人员费用、售后服务人员费用、后台支持人员费用、业务管理人员费用等。（2）物力成本，即在物力方面专项支出或应分摊的费用，这项费用通常是一次性支出，长期受益、逐期分担，在某种程度上可视为固定成本。主要包括营业场地与共用设备的费用、专项设备费用、系统维护费用以及低值易耗品费用等。（3）风险成本。

4.4.3　服务质量

客户为所需的服务支付费用，也愿意为创新服务或特色服务支付更高费用。所以，银行通过提高产品和服务质量，可赢得更多客户并获利。由于存在着信息不对称，价格往往是买方对产品质量的一种重要评估标准，所以制定价格还要传达出适当的质量信号：定价过低，会导致对服务质量不准确的判断；定价过高，可能难以达到客户的期望。

4.4.4　银行信誉

银行应根据自身的市场认可度、知名度等因素为自身产品合理定价。

4.4.5　技术含量

业务的开展需要依托一定的专业知识、技术手段和专用设备。一般说来，非标准化程度越高，技术含量也越高，当然投入也需要更高。

4.4.6　产品周期

例如，在萌芽期，产品可能存在市场认知度差以及产品性能不完善等问题。这时为了把产品推向市场，可以低价推销。

影响产品设计的外部因素主要包括市场供求与竞争程度、客户心理和相关政策支持以及监管环境等。属于科技银行难以自主决定和影响的因素，是自身不可控因素（当然也不绝对意味着银行不可以加以影响），包括以下几个方面。

（1）市场供求关系。供求关系对产品价格及市场接受度的影响非常显著。当银行居于独家供给方时，可适度提价；若其他银行竞相效仿提供该类产品或替代品时，客户就会考虑银行的信誉度、与银行的关系等因素加以选取。

（2）竞争。如果某种业务是独有的，那么该产品定价可以较高；当然，随着其他竞争对手的效仿，替代品逐步增多，其定价必然要逐步降低。另外，如果本行提供的同类产品价格相对偏高，一般会导致份额的下降。

（3）客户心理与银企关系。银行通过其专业化、品牌化和优质高效的服务，增加客户的感知价值，使其愿意支付更高的价格。

（4）相关政策支持和监管要求。科技金融与相关政策有着较为密切的关系，各地政府往往出台政策给予各种形式的支持。所以，在产品交易机制中应能体现出相关政策支持，处理好与相关政策支持的关系，充分发挥出政策所扮演的引导、支持和风险分担的作用。当然，在交易机制中也应当符合有关监管政策要求。

第5章

科技金融业务和产品的
交易要素与交易机制

5.1 科技金融业务和产品的市场供求特征分析

5.1.1 科技金融业务和产品的需求特征

首先，科创企业的融资需求特征有别于传统企业。科创企业具有技术更新快、运营周期短、高投入、高风险、高回报、回报周期较长等特点。由于技术更新快，产品不断升级换代，需要持续不断投入资金，用于研发投入和购置技术含量较高的设备，以保持持续创新的动力和能力，这也决定了其融资需求具有持续性强、频率高的特征。由于科创企业一般不具有市场垄断地位，市场变化敏感度较高，投资项目有较强的时效性，因此，融资需求时效性强。此外，由于企业规模较小，单次融资量相对较小。

其次，科创企业对资金有多重叠加需求，也更为强烈。相比传统企业，科创企业由于既要有大量资金投入研发和技术升级，同时又需要大量资金开拓市场和扩大生产投资以实现对科研技术的成果转化。可见，其对资金的需求不仅仅是在单个业务单层次上，而是在多个业务层级上都有强烈的需求。

再其次，处于生命周期各阶段的科创企业对融资需求的偏好是不同的。按照企业融资的生命周期理论，任何一个企业的发展都存在一个成长的生命周期，一般分为种子期、创建期、成长期和成熟期。科创企业也是如此，在不同的企业发展阶段的融资需求特征各不相同。在种子期，产品处于研发阶段或市场开拓阶段，市场占有率低，企业资产规模较小，基本上没有盈利记录和抵押能力，市场发展前景也极不明朗，很难从商业银行获得资金，也不易获得创投。同时，又因为这一阶段的企业的资金需求规模相对较小，因此，在这一阶段主要依靠所有者的自有资本投入，或政府扶持资金，有时也可寻求天使投资。在初创期，虽然产品开发已经有了一定的进展，但市场发展前景依旧不明且风险较大，要使产品开发趋于成熟并得到市场认可还得投入大量的资金，因此，企业对资金的需求也相应增大。但此时企业仍然难以从商业银行获得资金，另外，企业自身往往更愿意进行股权融资以分散原有股东的经营风险，同时在此阶段企业已经具备吸引创投的条件。在此阶段，科创企业可以将创投（股权投资）作为主要融资方式之一。在成长期，由于企业产品得到市场认可，市场占有率迅速提高，带来了高额利润回报，也要求企业的生产能力不断追加。这一阶段企业资金需求非常旺盛，且对资金需求时往往以债务融资为主，因为此时企业已经能够满足银行放贷的要求，而债务融资只需支付利息成本，不会降低股东股份和稀释企业发展带来的收益。在成熟期，由于产品的市场需求进入相对饱和阶段，企业资金需求增加也将相对放缓甚至下降，而由于企业已经具有了较大的市场规模和较高的市场地位，其融资的方式和议价能力也较高，通常可以有商业银行贷款、股权融资、改制上市、发行债券等各种融资方式。总体而言，处于企业生命周期较早期的科创企业，其市场发展前景较不明朗，经营风险大，此类科创企业倾向用股权类金融产品进行融资；而处于生命周期后期的科创企业，市场前景已经明朗，经营风险小，倾向于使用债务类金融产品进行融资。

最后，融资渠道单一，需求难以得到满足。由于我国金融市场发展还不够成熟，针对科创企业特点所推出的金融创新产品严重不足，难以满足不同发展阶段、不同风险状况的科创企业的多样化的融资需求。部分科创企业融资需求仍主要依赖商业银行贷款，但往往难以达到商业银行贷款的风险管理要求，有些则转向民间借贷的方式，成本较高，且不易筹集到。

5.1.2 科技金融业务和产品的供给特征

首先，政府介入程度较高，在其中扮演着重要作用。这主要体现在以下几个方面：科创企业由于其产品和业务的盈利模式尚不成熟，特别是在种子期、初创期，科创企业业务不稳定，市场前景不明朗，未来发展面临着极大的不确定性；同时由于企业资产往往以无形资产为主，因此，往往难以达到商业银行贷款的要求，难以从商业银行获得其发展亟需的贷款，也较难获得创投。此时，政府往往通过设立专项扶持基金、减免税收政策优惠等方式，直接对种子期和初创期的科创企业进行无偿资金支持。当进入成长期，由于科创企业已经有了一定程度的发展，能够独立在市场生存发展，且具有一定财务盈利能力，此时企业由于需要进一步发展扩张而大量需求资金，此时政府往往在企业融资中起间接帮扶的作用。例如，在股权融资支持方面，政府通过设立各种类型的"产投基金""产业孵化器"等方式，引导和引领社会风险资本对科创企业进行融资；在债券融资支持方面，政府通过设立各种担保基金、贷款贴息制度、风险分担制度，为科创企业增信，帮助获得银行贷款。总体上看，为鼓励科创企业的发展，地方政府通常会根据在本地的科创企业整体的发展状况，出台各项政策措施，营造对科创企业发展友好的市场环境，比如，推进园区建设、出台奖补、减税等措施，鼓励金融机构进行产品创新等。

其次，涉及机构主体多。科创企业经营规模小、固定资产缺乏、现金流不稳定、信息不对称严重、市场风险大的特点，难以像一般和正常企业一样通过银行贷款、发行债券、发行股票等方式满足资金需求。因此，为了获得融资，必然需要通过其他主体对其风险进行转移、分担、补偿以及处理信用不对称等问题。另外，科创企业在不同阶段对资金性质需求不同。因此，科技金融产品需要政府、银行、创投机构、担保机构、保险机构、社会征信机构等不同机构主体的加入，以实现各个交易参与方的风险收益的最优化。

最后，产品创新程度较高，具有较强的个性化、多样性特征。对科创企业而言，技术专利等无形资产对于企业的生存发展起到至关重要的作用，而技术更新快、信息传递快、运营周期短、投入高、风险高、回报也高，因此，传统的产业融资的风险管理范式，例如，财务指标分析、固定资产抵押等方式难以适用科创企业的融资发展需求，针对科创企业的轻资产、短运营、高风险、发展具有阶段性特征等特点，科技金融产品的创新程度非常高，产品设计多样性强，个性化特征明显，诸如风险担保基金、担保期权、结构化分级产品等，灵活而又能够很好地契合科创企业的融资需求。

总的来看，科技金融业务和产品供给体系尚不成熟，难以完全满足需求。尽管国家对于科创企业的金融扶持非常重视，各地区为了鼓励科技发展和产业升级，也纷纷在政策上出台和实施了各项具体措施，但总体而言，目前我国科技金融产品的市场发展依然处于发展探索阶段；尚无一个成熟的、广为接受和应用的模式；相关的法律法规体系、制度建设、监管准则不成熟；相关的人才严重不足；科技信贷市场、科技资本市场、科技保险市场和创投市场并没有充分联动和协同发展；不同的地区也有各自不同的政策和产业体系。总而言之，高效率、多元化、多层次的科技投融资体系依然尚未形成，广大科创企业的融资需求依然不能得到很好的满足。

5.2 科技金融业务和产品的参与主体

5.2.1 科创企业

科创企业是直接的融资需求方，科技金融产品就是为了满足其融资需求而设计的。基于科创企业自身的不同于传统企业对资金的需求特征，一系列科技金融产品应运而生。不过，科创企业在科技金融融资活动中也不完全就是被动接受方。例如，在结构融资的互助增信等类似的条款设计中，科创企业本身在形成共同保证的时候，也扮演了为其他企业增信的角色。在"首次代币发行"（ICO）中，科创企业就是主动发行数字货币融资的主体。

5.2.2 政府机构

首先，在科技金融产品中，政府通常扮演的是发起者和引导者的角色。这主要体现在：在科创企业的种子期和初创期阶段，几乎无法获得任何外源融资，而政府通过直接的财政补助、贷款贴息等方式进行无偿资金支持，帮助科创企业渡过最难的第一关。其次，在科创企业已经具有一定发展规模和融资能力的时候，政府通常不再对其进行直接资金补助，而是运用政府的公信力，或政策性担保机构的担保、保险公司的信用保险、贷款损失补偿等方式，引导科技银行和创投企业向科创企业融资，从而以有限的财政资金撬动巨大的杠杆。政府的隐性背书以及显性的担保，降低了科技银行、风险创投机构等主力出资方的投资风险，再加上政府的财政出资往往意在发展当地产业，通常只求保本不求回报，因此，在科技金融业务产品中可被设计为低收益甚至零收益，将自身的收益让渡给其他参与方，大大提升科技银行、创投机构、担保机构、保险机构等交易主体的参与热情。

5.2.3 科技银行

科技银行是金融科技产品的主要供给方。由于银行具有较强的资产实力及较高的信用，通过银行融资拥有资金成本相对较低等优势。大多数企业依然首选银行贷款这种融资方式。对于商业银行自身而言，同业间竞争加剧，互联网金融兴起已带来一定冲击，在此大背景下需要积极开拓新的盈利来源，开发新业务种类，提升综合竞争力；另外，促进产业转型升级，支持科创企业的发展也是政府重要的产业政策目标，政府通常会给予鼓励支持，甚至直接参与和支持科技金融产品的设计和发行。因此，全国各地各家商业银行纷纷结合自己的业务特点及当地的产业发展状况，设立专门的科技金融事业部或者科技分（支）行，专门从事对科创企业的融资业务。

当然，对于科技银行来说，贷款的安全性依然是其开展业务最重要的原则。而科创企业的巨大的经营风险通常无法直接达到商业银行贷款的审批要求。因此，在各种科技金融产品中，通常会引入政府基金、创投机构、担保机构、保险机构等参与主体，以转移和分担科技银行所承受的贷款风险，从而使得科技银行能够在风险可控的情况下发放贷款。引入各类机构，使得科技银行不再是科创企业经营风险的主要承担方，并推动了科技银行基于其巨大的资本实力成为主要的资金供给方。在科技金融产品的结构和条款设计中，科技银行资金往往是拥有产品中具有固定收益性质的优先级的份额，且该份额占据科技金融产品的比例也往往较高。

5.2.4　创投机构

由于科创企业特别是处于初创期和发展期时，市场前景不明朗，无论是其资产质量、营业现金流状况还是经营风险状况，难以达到商业银行的贷款审批标准。为转移所承受的风险，科技银行通常会采取各种方式的"投贷联动"，即引入金融市场上的创投机构，通过信贷加股权等组合方式，既可满足企业的融资需求，又可使得科技银行降低风险，将主要的经营风险和筛选成本转移给创投机构以及担保机构、保险机构等。因此，在科技金融产品的设计机制中，创投机构往往是拥有风险最高、收益最高的劣后级份额。

就创投机构本身而言，由于其本身的业务就是寻找有发展潜力的初创期企业并投资，承担初创期企业的巨大风险，并通过入股投资的方式享受科创企业高速发展带来的收益。而"投贷联动"中科技银行的加入，让科创企业获得的融资金额增加，增加了创投机构投资的成功率，降低了风险。因此，创投机构通常对参与科技金融业务和产品持欢迎和积极参与的态度。

5.2.5　担保公司等其他金融机构

科创企业由于其财务、经营特征和未来发展的巨大不确定性，即使在引入政府扶助基金、创投机构的情况下，通常也难以达到科技银行的贷款要求。为此，科创企业通常需要借助担保机构、保险机构等外部增信机构给自己增信，甚至借助信托公司等对融资权益进一步作结构化设计，更加合理地转移和分配风险和收益，以达到各参与方风险收益的最优化。

5.2.6 金融市场及其投资者

金融市场及其投资者同样对科技金融产品有着重要作用。尤其是对于创投机构而言，其之所以愿意承受巨大的创投，主要目的就是为了在快速发展到一定的阶段以后可以顺利退出，从而获得利润。创投机构之所以能顺利退出，有赖于科技金融产品的退出机制，这就需要有一个较为发达和完善的金融市场以及理性成熟投资者。对于创投机构而言，如果能有一个完美的退出（即使是中途退出）渠道，科技金融产品就会具有较好的流动性。因此，发达的、高流动性的金融市场对于开展科技金融业务具有非常重要的意义。因此，各地纷纷设立区域性场外交易市场。这也是发行比特币等数字加密货币筹资的方式能够兴起的原因。

5.3 科技金融产品的风险识别与定价

科技金融产品的风险识别和定价主要分为两个方面：一是如何从众多科创企业中筛选出有发展潜力和市场前景的企业和项目，从而降低"产品池"的原始违约率；二是当"产品池"确定以后，对总风险进行分配和定价。

就企业和项目筛选而言，尽管在科技金融产品设计中有不同的模式，例如，"他投我贷"（即创投机构等进行股权投资、科技银行发放贷款的模式）、"我投我贷"（即科技银行既发放贷款又通过关联公司进行股权、权证投资的模式）以及仅有科技银行贷款无投资的模式等，但是基本风险分配方式是一致的：承担权益性投资风险的参与方（不论其是创投机构、银行关联方机构，或者是银行自身）负责信息搜集和评估并承担风险和成本，并享有超额收益。

负责信息搜集和风险评估的参与方，不论是科技银行、担保公司、创投机构等，往往是各自开发和应用一套针对科创企业的信用风险识别和评估的模型。关于风险识别与度量的模型方法，我们将在本书第7章进一步介绍和研究探讨。金融机构根据所承担的预期风险，要求相应的回报。

随着"大数据"时代的到来，金融机构纷纷以互联网和大数据征信为技术基础，优化风险识别和评估体系。这些数据的收集和评估系统总体上并没有脱离前述的信用风险分析模型，而是通过大数据、云计算的手段使之更加精准化。

　　就风险的分配和定价而言，由于产品结构分级和风险再分配过程中各参与方的要求相对明确，因此，定价也较为简单。由于科技银行的贷款部分通常要求的是低风险、低成本和固定收益，没有在搜寻和识别优质企业上花费太多成本的意愿。因此，科技银行贷款部分通常属于优先级份额，具有固定收益属性，其投资的定价往往也以基准贷款利率为基准，上浮一定的比例（通常为30%以内）。当然，在简单的"银行 + 政府"模式下，在没有创投机构、保险机构、担保机构等其他参与方的情形下，科技银行既发放贷款，又承担了信息搜集和风险评判的作用。因此，其收益可分为两部分，一部分是正常的贷款利息，另一部分是风险溢价。至于政府资金持有的份额，往往不要求收益或者只要求象征性的收益。而劣后级的创投机构、科技银行自投、担保公司以及科技银行自身及其关联方持有的权益性质的份额，则往往享受剩余的浮动收益。征信机构、担保机构、保险机构等服务方则按照正常业务费用收取服务费。

　　详细的科技金融产品定价方法，将在后文中进一步介绍和研究探讨。

5.4　科技金融产品的分层结构和权益性质

　　科技金融业务和产品由于其参与主体众多，各参与方对风险收益的需求各不相同；传统的、简单直接的投融资方式无法满足各参与方对于自身风险收益需求，因此，科技金融产品通常具有较为复杂的交易要素、设计条款和产品结构，以实现各参与方的风险和收益的最优化。

　　在较为简单的"银行 + 政府"业务和产品模式下，典型的情形是政府出台相关的优惠措施，如政府担保基金、税收优惠、产业政策补贴、利息补贴等方式，由科技银行直接对已经有了一定规模和市场盈利能力的科创企业进行贷款，没有创投机构等相关金融机构的参与，科技银行直接对接受贷款企业做尽职调查并承担相应风险，因此，贷款的利息率也通常是在基准贷款利率的基础上，再加一个风险补偿利率。在这种简单的科技银行贷款模式下，通常融资企业已经有一定规模和市场盈利能力，且有政府的相关政策扶助，因此，总体风险是可控的，银行贷款虽然有一定风险，但风险不大。在这种产品模式下，可基本认为是科技银行持有优先级的固定收益类产品，而政府相关部门承担劣后级的风险。

　　例如，佛山市政府设立科创企业信贷风险补偿基金（以下简称"科技基金"），开展"政银科技宝"业务，科技基金审核通过科创企业申请后出具推荐函，合作银行对持有推荐函企业进行贷款审批，当发生贷款损失时，由专项资金承担40%的贷款本金损失；佛山市政府设立知识产权质押融资风险补偿资金，开展"政银知识产权贷"业务，合作银行对以自主知识产权进行质押融资的科创企业进行贷款审批，当发生贷款损失时，由专项资金承担65%的贷款本金损失。再如，为促进银行对科创企业贷款，江苏设立省科技成果转化风险补偿专项基金（以下简称"苏科贷"），同时各地也根据自身的具体情况设立地方风险补偿基金，以用于补偿银行对科创企业贷款的损失，从而大大减小了银行发放贷款的风险，促进其对科创企业发放贷款。

当然，尽管有政府风险补偿专项基金，科技银行依然无法完全消除自身承受贷款的违约风险。因此，在定价的时候，贷款利率通常在贷款基准利率的基础上有一个风险溢价。风险溢价根据贷款企业的信用等级、贷款期限等因素而定，各地区金融政策也不一，但通常贷款利率不得高于基准贷款利率的1.3倍。

前文所述的简单融资模式通常针对的是在科创企业已具有了一定规模和市场盈利能力的情形。更普遍的也是更重要的情形通常是，科创企业的发展不可能一步到位，总是要经历种子期、初创期才能逐渐发展；而在种子期、初创期恰恰是科创企业发展最需要融资而又最难获得融资的关键阶段，也是政府扶持高科技产业发展的重点和难点所在。科创企业在种子期和初创期由于风险大、不确定性高，达不到商业银行的贷款要求，无法从商业银行直接贷款。因此，政府机构、创投机构、担保机构等参与其中，对风险和收益进行重新分配，以最终满足各金融机构的风险收益需求特征并帮助科创企业获得亟须的融资。这一类科技金融产品由于参与方多、需求个性化较强、创新性强，因此，产品呈现多样化的特点，但总体上看，其产品结构和权益性质大同小异，即科技银行持有低风险、固定收益的优先级份额，创投机构、担保机构等持有高风险高收益的劣后级权益性质的份额，政府相关基金不以营利为目的，起到风险缓冲垫和资金杠杆的作用。典型的业务模式和产品有如下几种。

简单"投贷联动"模式。该模式中，科技银行一方面对科创企业发放贷款，另一方面通过控股或者合资的股权投资机构对科创企业进行股权投资，以达到"投贷联动"的效果。以南海农商行的"投贷联动"类产品为例，对处于种子期、初创期的科创企业，该行科技支行通过与创投机构合作，创投机构先对科创企业投资，然后银行再跟进贷款，授信时间为1~3年，授信额度不超过500万元人民币，具体额度可按照创投金额进行一定比例配比，贷款利率为支行贷款基准利率加成风险补偿溢价。在成长期阶段，由于还没能达到上市直接融资的标准，科创企业的股权融资比例依旧较低，该银行科技支行在投放信贷时，往往以企业的期权以及股权作为信贷发放的附加条件，一般附加的股权比例在2%~5%之间，行权有效期一般为贷款发放后的3年期以上，由合作的创投机构进行持有。在这一系列产品中，银行科技支行持有贷款属于低风险优先级的份额，而其合作金融机构则持有劣后级的权益份额。

"银行 + 政府 + 保险公司"产品模式。在该模式下，通常政府会对科创企业进行一定的保费补贴以鼓励科创企业投保，通过保险公司的信贷保险以降低银行的贷款风险，从而提高科创企业的贷款信用。以南海农商行的产品"保险贷"为例，在该行科技支行为科创企业发放贷款的同时，与保险机构签订保险协议，保险协议规定由银行科技支行来承担 20% 的贷款本金及其利息、罚息损失，保险机构承担剩下的 80% 的贷款本金损失；但同时，保险机构赔付额也存在一定上限，最高不超过本市年度保证保险实收保费总额的 180%①，超出部分的损失将由市政府设立的政策性小额贷款专项扶持资金给予补偿。

以色列 YOZMA 计划模式。1993 年以色列政府推出 YOZMA 投资计划以支持以色列国内的创投产业，该计划也被公认是目前世界上最成功的政府主导型的创投引导基金计划之一。该计划的具体运作机制如下：首先，由首席科学家办公室出资 1 亿美元设立 YOZMA 创投引导基金。基金的 20% 用于直接投资于科创企业，80% 则与国际投资机构合作设立 10 个小型创投子基金。子基金采用有限合伙制，政府为有限责任合伙人（LP），每个基金总额为 2000 万美元，采用"政府资本 + 海外资本 + 民间资本"的"1 + 2"模式。其中 YOZMA 向子基金出资800 万美元，占 40% 份额，海外资本和民间资本出资 1200 万美元，占 60% 份额②。子基金由以色列的一家基金管理公司管理。子基金承诺主要投资于种子期、初创期的科创企业。而政府承诺子基金合伙人有权在 5 年内按约定条件，部分或者全部赎回投资项目所占股份中的政府所持份额。在 YOZMA 模式下，政府基金作为有限责任合伙人（LP）持有风险较小的有限合伙份额，创投机构持有普通合伙份额。

更为复杂的是在美国"硅谷银行"模式引入我国后，结合当地实际经济发展状况，在浙江地区形成的"桥隧模式""路衢模式"等。在这类模式下，"政府 + 银行 + 创投 + 担保"多方交易主体参与，结构层次多样，风险收益分担转移设计更加精细。

所谓"桥隧模式"，即在信贷市场和资本市场间搭建桥梁隧道，从而实现投贷联动。通过担保公司的信贷担保和创投公司的相应承诺和操作，对高增长潜力的科创企业的贷款申请增信，顺利实现其贷款融资，从而既满足科创企业融资的需要，又满足科技银行贷款风险管理的需要以及创投机构、担保机构投资优秀项目的需要，实现"各方共赢"。

---

① 资料来源：广东南海农村商业银行股份有限公司官方网站，http：//www.nanhaibank.com/。
② 资料来源：YOZMA 公司官网，www.yozma.com/home/。

　　"路衢模式"则是"桥隧模式"的进一步发展和创新成果。通过聚集财政资金、金融资源和市场主体为科创企业提供融资服务。以政府财政资金为基础核心撬动社会资金杠杆，银行资金为主体，创投机构承担主要风险和享受主要回报。政府引导和结构化设计是该模式下的两大主要特点。该类型的业务和产品模式见表5-1。政府财政资金率先引导，以10%～20%左右的比例撬动社会资金杠杆。财政资金定位于服务地方政府的产业政策，不以营利为目的，因此，其资金定价基本上是只要求收回本金或者象征性的收益。政府持有的份额属于次优先级份额，劣后于银行理财资金或者信贷资金，从而降低银行资金的风险；政府持有的份额优先于创投资金，但由于政府资金要求回报为低息甚至免费使用，从而可以提高劣后级创投资金的杠杆收益。而银行的理财资金、信贷资金则是融资产品的主力，占据65%～80%左右的份额，属于优先级固定收益资金。创投机构资金占据的比重较小，为5%～10%，属于权益性质的承担高风险但要求高回报率的劣后级资金。

表5-1　　　　　　　　　"路衢模式"科技金融产品一般结构

权益级别	权益比率	权益所有人	认购资金性质	资金定价
优先级	65%～80%	银行	银行理财资金或信贷资金	固定收益，在基准贷款利率的基础上上浮30%以内
		担保机构	担保机构自有资金	
次优先级	10%～20%	政府	财政资金	无收益或象征性低收益
劣后级	5%～10%	创投机构	风投资金	高收益

资料来源：李轶：《科技金融创新业务模式研究》，浙江大学，2017年。

5.5　科技金融产品的投资门槛与流动性

　　作为科技金融产品的融资方，科创企业由于市场前景不够明朗，市场盈利能力不够稳定，因此，天然具有高风险特征；相应的，类似于私募产品对合格投资人的门槛要求，科技金融产品同样对合格投资人有一定的门槛要求，如投资额度等方面。当然在不同地区，各种产品的设计与发行的投资门槛各不相同；同时，为了吸引投资人，科技金融产品的交易机制设计会尽力增加产品的流动性，这主要体现在对产品期限、退出机制等交易要素的设定。各地对于发展场外交易市场的探索，也有助于增加产品的流动性。

　　以"苏科贷"产品为例，合作银行在对江苏省科技金融风险补偿金备选企业库内的企业提供贷款融资时，会根据不同级别的企业设立不同的贷款额度。对于上年营业收入低于 5000 万元的企业，首次贷款额度一般不超过 300 万元，后续贷款额度不得高于 500 万元，贷款期限为 1 年；上年营业收入高于 5000 万元而低于 4 亿元的企业，贷款额度限额为 2000 万元，贷款期限为 1 年。由于贷款期限较短（通常为 1 年），流动性较高，相应降低了贷款风险。与"苏科贷"类似的还有广东地区的一些科技金融产品。以南海农商行的相关产品为例，该政银合作类产品贷款最高额度通常低于 1000 万元，政银保合作产品贷款最高额度低于 300 万元。两种类型产品期限也均为 1 年，有较好的流动性①。

在退出机制设计方面，以色列 YOZMA 产品也具有鲜明的特点。该产品在设立之初就确立 7 年为存续期，并事先约定一个较低价格，合作方可在子基金成立 5 年内以该价格购买政府在子基金中的份额。本质上，这是给合作方提供了一种"买入期权"。由此，政府从基金中得到固定收益，完成了退出；随后通过公开拍卖方式，将 YOZMA 公司私有化。"退出"不仅仅意味着财政资金"功成身退"，更是得益于在期初就设计好了规范制度和治理模式，顺利完成由政策性引导基金到商业性投资公司的转型，继续活跃在创投市场，为高科技产业发展做出贡献。由于此时 YOZMA 基金已经转型成为常规的创投公司，这也意味着私人投资者可以像正常的股权投资一样进入退出。

建立场外交易市场使得科创企业的股权可以充分流转，这是提高科创企业融资的能力的关键。企业生命周期与多层次资本市场选择、风险大小匹配的关系见图 5-1。通常而言，已经能够在主版、创业板或科创版上市的科创企业自身已经具有较大的规模和较强的融资能力，已经不需要特别的科技金融产品予以融资支持。而科创企业资产规模较小，盈利能力、现金流能力不足，达不到在主板、创业板或科创版上市的要求。为使这部分科创企业的股权也能够自由流通，各地纷纷建设各类场外交易市场。我国的新三板市场开始是中关村科技园区非上市股份公司的代办股份转让系统，于 2012 年开始扩容，并在 2013 年底对所有符合新三板条件的企业开放，成为全国性的统一场外交易市场。新三板对申请挂牌的企业没有严格的财务指标限制，大大提高了科创企业获取股权融资的机会。

由于中国各地区经济运行、产业发展差异较大，而新三板市场实施统一的挂牌标准，无法完全满足各个地区、各行业的科创企业不同的融资需求。为了解决这个问题，各个区域性场外市场便应运而生。例如，天津股权交易所于 2008 年 9 月在滨海新区正式设立；杭州产权交易所于 2008 年 12 月成立，并于 2012 年 9 月

---

① 江苏省科学技术厅：《江苏省科学技术厅关于江苏省科技金融风险补偿资金备选企业库管理信息系统上线运行及开展入库企业集中征集工作的通知》，2016 年。

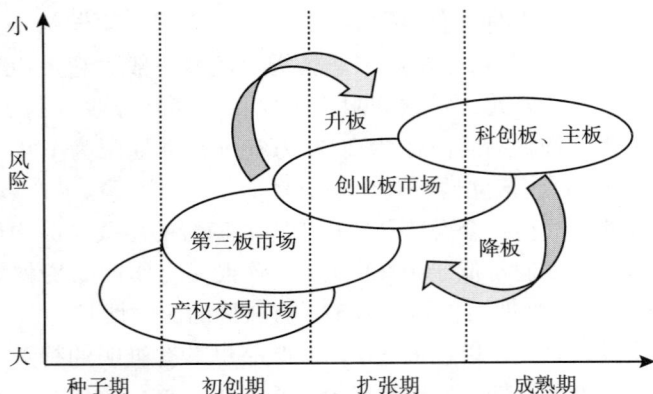

图 5 – 1　企业生命周期与多层次资本市场选择

资料来源：陆丹婷：《杭州市区域科技金融体系建设研究》，中共浙江省委党校，2016。

正式成立浙江股权交易中心等。相较于新三板市场，各个地区性场外交易市场挂牌门槛更低，服务对象更广泛，管理更加灵活，适应性更强，有助于提高投资的科创企业股权投资的流动性。

除场外股权交易外，随着区块链技术的快速发展，"首次代币发行"［简称ICO（initial coin offering）］，也可能成为科创企业在未来潜在的重要融资渠道。高科技型初创企业通过向社会公众发行比特币、莱特币、以太币等数字加密货币，以向公众募集企业初创期所需的资金。类似于 IPO，只是交易标的从企业股权变成了企业基于区块链技术生成的数字加密货币。由于数字货币本身不代表企业的股权，因此，企业创始团队股权不会被稀释，且由于数字货币的持有者可用所持的数字货币直接购买发行人开发的商品或服务，实际上也可帮助科创企业挖掘和开拓市场，再加上数字货币发行时间短、成本低，本身又具有流通市场和响应投资价值（在 2018 年初比特币价格暴涨时期尤为如此），因此，作为一种科创企业的创新型融资方式获得了市场的热捧。据统计，ICO 在 2017 年全球募集的资金以达到 40.6 亿美元（李海、胡麓珂，2019）。在加拿大等国，ICO 已经成为科创企业融资的一个新兴创新渠道。在中国，由于借由 ICO 名义实施的金融欺诈和经济犯罪活动增加，相关的金融监管难以跟上，只能采取"一刀切"的方式。2017 年 9 月 4 日，中国人民银行领衔网信办、工信部、工商总局、银监会、证监会和保监会等七部委联合发文禁止 ICO。但是也应看到，由于 ICO 的成本低、不稀释股权、具有流通市场和投资价值的特点，有理由相信随着未来监管水平的提高，ICO 有可能在我国重新启动，并成为科创企业融资来源之一。

5.6　科技金融产品的信用担保与风险分担机制

5.6.1　政府的增信支持政策

在前面可见，政府在科技金融业务发展和产品交易结构设计中占据了非常重要的地位。在种子期，政府通过直接财政资金扶持的方式帮助科创企业，但显然这种帮助是不可持续的；当企业逐渐成长之后，政府便可改为参与投资，并且通过各种直接、间接地提供或参与担保、保险等方式，为企业融资增信，提高企业融资能力。通常，当科创企业办理担保业务、保险业务时，政府通过提供专项资金补贴，对企业直接进行担保费补贴或者保费补贴；或者通过设立政策性担保机构或专项基金等形式，或者对担保机构、保险机构进行以财政注资、奖补、税收减免等方式的业务补贴，以鼓励担保机构、保险机构对科创企业贷款提供担保和保险，见图 5 - 2、图 5 - 3。

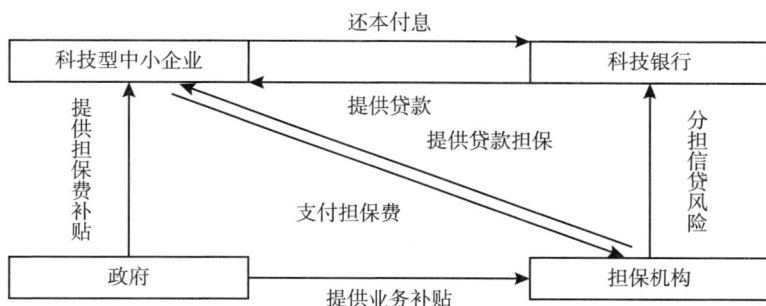

图 5 - 2　政府对于科创企业贷款担保业务的补贴模式

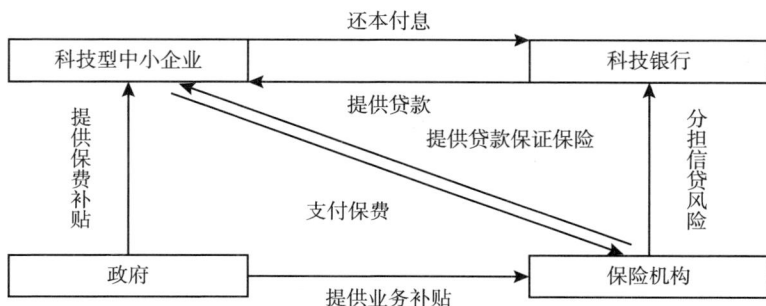

图 5 - 3　政府对于科创企业贷款保险业务的补贴模式

政府为科创企业增信的形式多样，普遍不拘泥于传统的、简单的担保形式，而是引入了杠杆、互助担保、不完全担保等各种形式，既为科创企业融资提供了便利，又降低了银行放贷的风险，同时又起到了风险约束和收益激励作用。

全国各级各地政府对于科创企业的增信政策尽管具体细节各不相同，但是基本类似，主要包括以下几方面。

（1）各级政府共同出资设立风险补偿专项资金，用于补偿合作银行给科创企业贷款的损失，有些地区还要求科创企业自身也拿出贷款额的 1% ~ 5% 不等份额，作为信用互助基金或者反担保基金存入其中，设立专门账户，专款专用，由相关政府部门直接管理。

（2）确定合作银行，有些地区的政策还会对合作银行的贷款总量做配额（如河北省秦皇岛等地区），同时确定授信杠杆比例。也意味着政府资金撬动银行资金，杠杆比率通常为 5 ~ 15 倍，10 倍最为普遍，即合作银行对科创企业的授信总额应为风险补偿金总额的 10 倍或者 15 倍。

（3）确定扶持对象标准，一般是相关管理部门或者已经按照标准设立企业库，或者没有企业库但是给定了详细的标准，通常包括科技项目要求、规模要求、属地要求等。

（4）贷款利率、额度、期限要求。基于科创企业规模较小、盈利能力较弱的特点，通常要求贷款基准利率上浮 10% ~ 30% 不等，不得超过 30%；同时单笔贷款额度一般也有限制，上限一般为 500 万 ~ 3000 万元不等。为保证合作银行的要求，期限通常不超过 3 年，通常为 1 年或者 2 年。

（5）确立贷款损失分担机制。为了保证科技银行、科创企业的积极性和业务谨慎性，通常这种风险补偿是不完全补偿，一般是赔偿 30% ~ 80% 不等，依据各地政策而定。甚至有些地区对于科创企业的发展程度也作区分，并根据科创企业的发展程度不同，赔偿不同的比例以更精细地鼓励更需要金融扶持的企业（如江苏省各地区）。

（6）确定保险费用补贴条款。有些地区为鼓励保险的介入，进一步分散风险，通常会对科创企业或者保险机构进行保费补贴。

（7）确定考核、淘汰机制及风险补贴的限额。通常是包括合作银行的贷款坏账率的考核要求，当贷款坏账率达到一定程度时终止合作银行资格。此外，在某些地区（如江苏省），还引入地区竞争机制，辖区内某一地区的开展情况不佳则降低优惠政策力度等。风险补贴的限额总额通常以风险补偿基金总额为限度，单个合作银行限额通常为风险补偿金总额的 5% ~ 20% 不等，或者该银行贷款总额的 5% ~ 10%。

　　江苏省设立的省科技成果转化风险补偿专项基金（即"苏科贷"），在全国范围内最具有领先的典型示范作用，由于"苏科贷"由省风险补偿基金、地方风险补偿基金以及合作金融机构各自分担不同的风险比例，由省系统集中统一管理，江苏各市县则在"苏科贷"的基础上依据本地区的特点衍生出"锡科贷""昆科贷"等更加创新的形式。以无锡市 2018 年的"锡科贷"政策为例。

　　在 2018 年《无锡市科技型中小企业贷款风险补偿业务管理实施细则》中规定：由无锡市中小微企业信用保证基金出资 2 亿元设立风险补偿基金，建立科技贷管理办公室，由市科技局、市财政局组成；市科技局负责科技贷业务管理、工作推进、风险补偿资金审核和绩效评价；市财政局负责风险补偿资金的监督管理和绩效再评价；各市（县）、区科技部门负责属地科技型中小企业入库推荐和跟踪管理工作；市公共信用信息中心协助提供企业信用情况；无锡市企业科技创新服务中心（以下简称"企科中心"）负责科技贷业务的日常运营和管理。

　　企科中心每年年初与合作银行签订协议，并报市科技局、市财政局审核备案。新增贷款余额放大倍数原则上不低于承诺风险补偿金额的 10 倍。

　　合作银行承诺执行优惠贷款利率，不另外收取保证金、中间业务费等其他相关费用，且"锡科贷"利率上浮不超过基准利率的 10%，单笔放贷额度不超过 500 万元，贷款期限不低于 6 个月，单个企业的"锡科贷"最高贷款额度不超过 1000 万元。

　　科技贷的支持对象为在管理平台备案入库的科技型中小企业。申请入库企业需同时满足以下条件：（1）在市内注册的具有独立法人资格的企业，主要从事高新技术产业、战略性新兴产业、传统优势产业领域高新技术产品的研发、生产和服务，无严重不良信用记录；（2）拥有专利、软件著作权、集成电路布图设计专有权、植物新品种、新药证书等知识产权；（3）上一年营业收入 4 亿元以下或从业人员 1000 人以下；（4）从事研发和技术创新的科技人员占职工比例不低于 10%；（5）上一年度研发投入占销售收入比例不低于 3%。

　　对"锡科贷"，风险补偿资金承担 80% 贷款本金损失风险，其余 20% 贷款本金损失风险由合作银行承担，利息损失风险全部由合作银行承担。

　　合作银行"锡科贷""苏科贷"合计不良率达到 5%，即停止办理新业务，待通过追偿后，不良率低于 4% 再恢复开展新业务。对合作银行的"锡科贷""苏科贷"贷款本金损失，市风险补偿资金在约定的风险补偿限额内进行补偿。单个合作银行年度补偿限额为该银行上年度末科技贷本金余额的 10%[1]。

---

　　[1]　无锡市科技局、市财政局：《无锡市科技型中小企业贷款风险补偿业务管理实施细则》，2018。

此外，苏州地区还根据科创企业的年销售收入进行差别化贷款损失补贴政策，按照科创企业年销售收入 300 万元以内、300 万 ~2000 万元、2000 万 ~5000 万元、5000 万 ~1 亿元、1 亿 ~4 亿元，分别划分为苗圃类、孵化类、加速类、成长类、发展类，风险补偿比例分别为 100%、70%、50%、30%、10%，这种差别化的政策显然偏重于扶持处于发展早期弱小的更需要金融扶持的企业，做到了精准扶持科创企业。

在设立政府政策性担保机构和政府担保创新方面，杭州走在了前列。2006年，杭州高科技担保有限公司成立，其定位为扶助杭州市鼓励发展的科创企业融资的政策性担保机构，主管部门为杭州科技局。杭州高科技担保与杭州地区数十家银行合作为科创企业提供贷款担保，仅收取 1% 的年化担保费率，不收取保证金，合作银行按基准利率给予贷款，这显著降低了科创企业的融资难度与融资成本。此外，杭州高科技担保公司相继推出了基金宝、天使担保、联合天使担保风险池、投贷结合、高新企业批量授信、周转资金等创新业务，为不同类型、不同发展阶段的科创企业解决融资困境。以其中代表性的"联合天使担保"风险补偿资金为例，当贷款偿付困难时，损失额度在风险池资金总额限度内的，损失分别由贷款银行承担 20%，区、县承担 40%，担保公司承担40%；若代偿损失超过风险池资金范围的，杭州高科技担保公司、贷款银行分别承担 20% 和 80%。这种担保资金和损失补偿的设计机制，一方面，能够降低银行贷款风险，鼓励银行对科创企业放贷；另一方面，又对银行保留了风险约束，银行自身也承担了风险，因此，有动力去认真做贷前尽职调查和贷后管理工作。

上海浦东新区于 2008 年安排 3000 万元财政资金，同时，科创企业自身也认缴部分信用互助基金，双方共同设立科创企业信用互助担保基金。经过担保基金的担保，银行对科创企业发放科技贷款，贷款的风险按照政府占 50%、参保企业占 40%、银行占 10% 的比例承担。同时，担保基金对于科创企业贷款具有杠杆效果。一般而言，科创企业获得的担保贷款额度为其认缴的互助担保基金的 5 倍。

全国代表性地区对于科技金融业务产品的风险补偿政策见表 5-2。总体而言，各地地方政府对科创企业融资的增信支持政策大同小异，体现出按损失比例有限补偿、风险共担的特性。这样，既体现出政府要对科创企业予以金融支持，又能对各参与方有所约束和激励。

表 5 - 2   **代表性地区对于科技金融业务产品的风险补偿政策**

地区	审批流程	风险补偿比例	风险补偿限额
上海市	政府部门审批	对小微企业不良贷款率3%以内的损失由银行自担，3%~4%之间的部分全额补偿，对4%以上部分不给予补偿	无
苏州市"苏科贷"	银行审批，管理机构备案	风险补偿资金按苗圃类、孵化类、加速类、成长类、发展类，分别承担100%、70%、50%、30%、10%的贷款本金实际损失；贷款利息损失由合作银行全额承担	按苗圃类、孵化类、加速类、成长类、发展类，单户贷款上限分别为50万元、200万元、500万元、200万元、100万元
苏州市"昆科贷"	地方政府部门负责审核并向合作银行作出推荐	风险补偿资金按孵化苗圃类、加速成长类、发展类，分别承担80%、65%、20%的贷款本金实际损失；贷款利息损失由合作银行全额承担	孵化苗圃类单户限额200万元，加速成长类和发展类限额500万元
无锡市"锡科贷"	银行审批，管理机构备案	风险补偿资金承担80%贷款本金损失风险，其余20%贷款本金损失风险由合作银行承担，利息损失风险全部由合作银行承担	在约定的风险补偿限额内补偿；单个合作银行年度补偿限额为该银行上年度末科技贷本金余额的10%
杭州市"助保贷"	银行审批，管理机构备案	政府出资的风险补偿铺底资金和获贷企业缴纳的企业助保金共同组成风险补偿金，发生贷款损失时互保金先行垫偿，超过助保金的部分以风险补偿铺底资金与合作银行按1∶1比例代偿	风险补偿铺底资金专户中最高余额
广州市	政府审核，银行独立审贷	由市财政设立科技信贷风险补偿资金池，对于贷款损失风险补偿金承担50%，合作银行承担50%，贷款利息损失由合作银行承担	存入合作行账户的风险补偿金余额

资料来源：根据各地方政府相关政策文件整理。

5.6.2 企业内部增信与杠杆增信

科技金融产品本身的担保和杠杆增信在产品条款设计中也是非常重要的一个环节。特别是考虑到科创企业单个个体的融资能力有限，可以集合融资的形式集体融资。此时，为满足银行的贷款要求，在外部担保机构的担保之外，集合融资的各家科创企业自身也可形成互保，即首先在企业内部之间实现内部增信，并且由于企业之间分摊了保费，实际上也有担保杠杆的效果，这样有助于科创企业以更低的费用和更低的资金占用去融资。

以浙江的中新力合担保公司的反担保基金的交易机制设计为例。一方面，中新力合担保公司为中小企业提供担保，但是，同时往往也要求被担保的企业成立反担保基金，以降低担保公司的偿付风险。例如，5家企业成立互助小组增信并成立反担保基金，反担保基金的规模和构成是5家企业各认缴自身贷款总额的20%。如果某家或多家企业的贷款不能按期偿还，则首先由反担保基金优先代偿；如果有多家企业同时违约，在反担保基金偿付后仍然超出反担保基金的偿付能力时，不足部分由中新力合担保公司继续代偿。这种反担保的内部杠杆增信结构见图5-4。

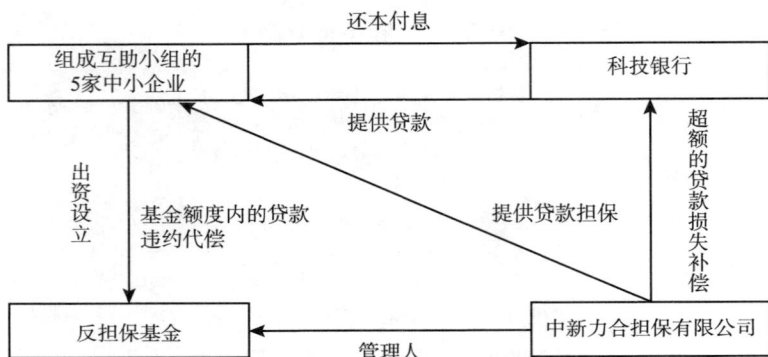

图5-4 中新力合担保公司反担保基金结构

资料来源：李轶：《科技金融创新业务模式研究》，浙江大学，2017；及笔者整理。

这样一种反担保基金的交易机制设计，对需要融资的科创企业而言，以20%的保证金获得了5倍杠杆的融资效果，内部增信的杠杆效果显著；另外，担保公司自身也因为反担保基金的存在，大大减少了传统全额担保的资本金占用和担保风险。

杭州市自2015年实施的"助保贷"则是要求企业根据实际贷款额度，按2%的比例计算缴纳企业助保金，企业相当于获得了50倍的信用杠杆，极大地便利了融资。

商业银行的各类中小企业联保贷款产品尽管具体的条款规定上略有不同，但是基本上体现了联合互保、杠杆增信的效果。兴业银行、华夏银行、中国建设银行等商业银行也都曾推出各类中小企业联保类贷款。例如，兴业银行的"小企业联贷联保"：3家（含）以上小企业自愿组成一个联保体，联合申请授信，联保体中各成员均对其他成员办理联贷联保授信项下的信用业务产生的全部债务承担连带保证责任；成员须将不低于各自授信额10%的自有资金作为保证金存入银行，为联保体各方共同提供质押担保。这实际上是以10%的资金撬动10倍的杠杆。联贷联保业务品种包括流动资金贷款以及贴现、承兑等短期信用业务品种，但不包括固定资产贷款、项目融资等①。再如华夏银行的"联保联贷":依据自愿组合、共同担保的原则,3~7 户小企业自愿组成联保小组,成员之间协商确定授信额度,向华夏银行联合申请授信,各成员均为其他所有借款人提供连带保证责任,单户授信额度最高 2000 万元,融资期限不超过 12 个月②。

5.6.3 不完全担保与风险共担

传统的全额担保由于风险完全由担保公司承担,对于金融科技产品其他各方的激励和约束不足;担保机构承担了过重的风险,显然又会反过来限制融资的可获得性。为了更好地解决风险共担和收益共享问题,通常政策性担保基金和商业担保机构对于融资产品的信用担保采用不完全担保的形式,即不对融资进行全额担保,只对一部分融资金额进行担保。减少了担保机构自身的风险,能够更好地在银行、创投机构、保险机构、企业自身之间分配风险和收益,最大限度上满足各参与方的风险收益需求。

实务中,不完全担保在科技金融产品中的应用已经非常普遍。以政府的政策性担保为例,不论是上海浦东新区的科创企业信用互助担保专项资金中政府、参保企业、银行按照 50%:40%:10% 的比例分配风险损失,还是杭州"联合天使担保"风险补偿资金担保条款中风险池资金总额限度内政府、担保公司、银行按照 40%:40%:20% 承担,限额外担保公司、银行按照 20%:80% 比例承担,都是典型的不完全担保形式。即政府只在一定比例上承担损失风险,剩下的风险由投资机构自身承担,从而避免出现委托代理问题,激励银行自身控制和识别风险,提高贷款质量。

而市场化运作的担保机构通常为了降低自身承担的风险,也越来越多地运用不完全担保的形式,担保份额主要覆盖了优先级份额,如银行资金、政府资金等,而将主要的风险转移给了风险偏好较高的其他交易参与方,如创投机构的优先级份额,从而优化了风险的分配。

5.6.4 产品的结构分层与风险分配

科技金融产品的交易参与方众多,各参与方对于风险承担和收益要求的多样性,科技金融产品通常具有较复杂的交易结构,以更好地设计和分配风险。

---

① 资料来源:兴业银行官网,https://www.cib.com.cn/cn/index.html。
② 资料来源:华夏银行官网,http://www.hxb.com.cn/index.shtml。

例如，以色列 YOZMA 计划是一种相对简单但是非常有效的科技金融产品。鉴于其成效，我国各地的地方政府也纷纷对其加以借鉴和灵活运用。YOZMA 计划实际上交易结构仅有两层。在有限合伙制下，政府作为有限合伙人，持有 40% 的有限份额；社会资本作为普通合伙人，持有 60% 的普通合伙份额；外加一项期权激励，允许社会出资人在基金封闭期的前 5 年内，可按照事先约定的价格（一般为出资成本加 5% ~7% 的收益率水平定价）回购政府的份额。该项期权激励机制为看涨期权，不仅可激励社会出资人的参与和努力，而且也为政府资金的退出提供了渠道和便利。政府持有的是有限合伙份额，其风险相对较低，相应的收益也较低，期权的设立使得其实际上是收益率为 5% ~7% 的固定收益份额；而社会资本承担了主要的风险，并通过普通合伙份额、期权享受企业发展的权益收益。

我国浙江地区的"桥隧模式""路衢模式"可谓是美国硅谷银行业务和产品的"中国化"，是政府、银行、企业、担保机构、创投机构多方参与风险收益分配结构的典型代表。不同于科技银行、中小企业、担保公司三方的传统融资担保模式，"桥隧模式"通过引入第四方（创投机构、产业链上下游企业等）的方式达到"投贷联动"，改变了传统融资担保模式中担保公司的地位。第四方以不同形式作出承诺，当企业经营不力难以按时偿付银行贷款时，将以股权收购等形式进入企业，为企业带来现金流用以偿付银行债务，并保持企业的持续经营，规避破产清算，从而最大可能地保留企业的潜在价值。第四方的介入，实际上起到了联通信贷市场与资本市场之间的桥隧作用，见图 5-5。

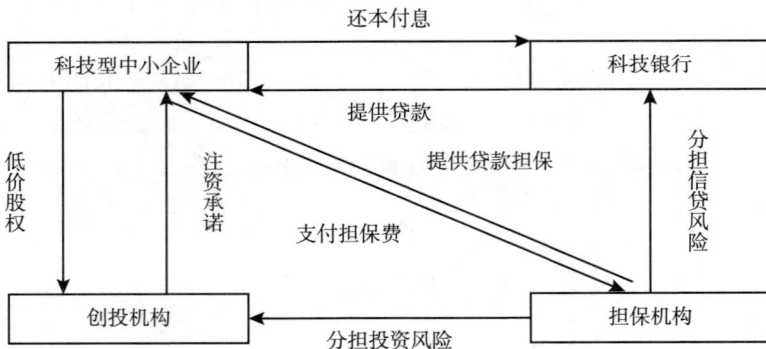

图 5-5 桥隧模式的交易结构概要

资料来源：根据公开资料整理。

银行、中小企业、担保公司、创投机构（第四方）四方参与模式，实际上达到了"投贷联动"的效果，实现了风险收益优化。对于银行而言，第四方对高价值高潜力企业的挖掘使得银行发生坏账的概率下降，贷款风险减小。对于企业而言，第四方的介入使其在正常经营状态下可获得发展亟须的债务融资；若出现经营不利的情况时，第四方承诺救助介入，可确保企业的持续经营，从而最大可能地保留了企业的潜在价值。对于担保公司而言，第四方的介入降低了担保风险。而对于第四方（创投机构）自身而言，寻找并投资有潜力的中小企业本就是其主营业务，参与投贷联动使其业务得到了拓展。对于劣后级资金投资方即创投机构而言，寻找高速发展的潜力企业并投资，既是发挥自身专业能力优势以帮助银行、政府等其他参与方作风险筛查，反过来又由于银行、政府等其他交易参与方的加入，提高了被投资企业的融资额度，从而增加了企业后续发展的成功率，也为创投企业的投资增加了杠杆收益。可见，创投机构的业务也得到了开拓和支持。

在"桥隧模式"下，以浙江艾尔柯环境设备有限公司（下文简称"艾尔柯公司"）2006年的融资为例。艾尔柯公司出于快速成长期，业务扩张需要一笔1000万的融资，但达不到银行贷款的审批要求。此时，担保机构中新力合公司、创投机构三生石创投公司加入融资方案，三生石创投承诺：在两年内，若艾尔柯公司发生财务危机无法归还贷款时，由三生石创投偿还贷款的70%；以获得艾尔柯公司10%的增发股份权、期权条件作为其收益。中新力合公司为艾尔柯做担保，由于中新力合的担保和三生石创投的还款承诺，艾尔柯公司顺利从浙商银行城西支行以5%的利率获得了1000万元的流动资金贷款。

在该案例中，商业银行持有优先级固定收益份额，且由于创投机构的代偿承诺和担保公司担保，风险大大降低。创投机构持有劣后级的股权期权，扩张了自身的业务，获得了高速发展企业的权益收益。由于创投机构的介入，担保公司的担保风险降低。这种产品结构的安排使得各参与方都获得了风险收益的优化。

"路衢模式"则是"桥隧模式"进一步发展和创新的产物。该模式以政府财政资金为依托，通过设计集合信托债券资金作为吸收社会资金的平台，充分有效引导社会资金流向中小企业。"路衢模式"最初的模式主要以集合债权信托基金为载体。在单个中小企业难以有效融资的情况下，众多中小企业以集合债券信托的方式集体融资，形成中小企业集合债券基金。而对于中小企业集合债券基金的投资，则体现了鲜明的层次性：政府资金、商业银行资金、创投资金等，且银行资金占主体，是优先级最高的固定收益类份额，风险低，收益固定；政府引导资金往往起到先导的作用，由于政府投资不以盈利为最高目的，因此，政府资金的优先级要次于银行资金，且只要求保本或者象征性收益；创投资金属于劣后级的股权权益性质份额，且由于优先级、次优先级份额的存在，创投资金杠杆风险巨大，但预期收益高，见图 5 - 6。

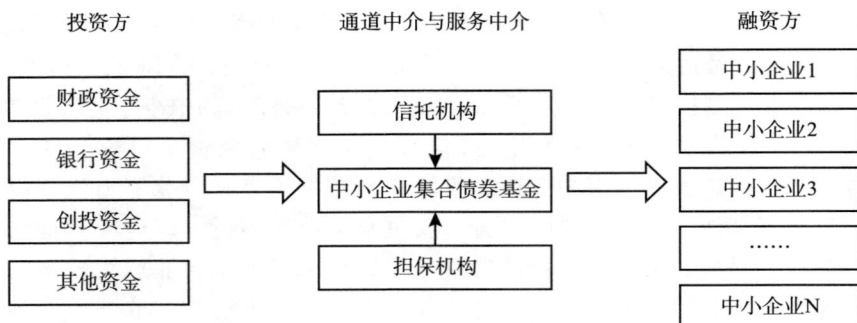

图 5 - 6　集合债权信托基金式"路衢模式"交易结构概要

资料来源：根据公开资料整理。

"路衢模式"本身也在不停地发展和演进过程中。在推出集合债权信托基金式产品后，"银政投集合信贷产品"也越来越多地在实践中得到了应用。该模式延续了"路衢模式"的主要思路，但是对于风险的设计和分配更加精细，从而能够更大程度上满足中小企业的融资需求和各参与方风险收益的需求偏好，见图 5 - 7。

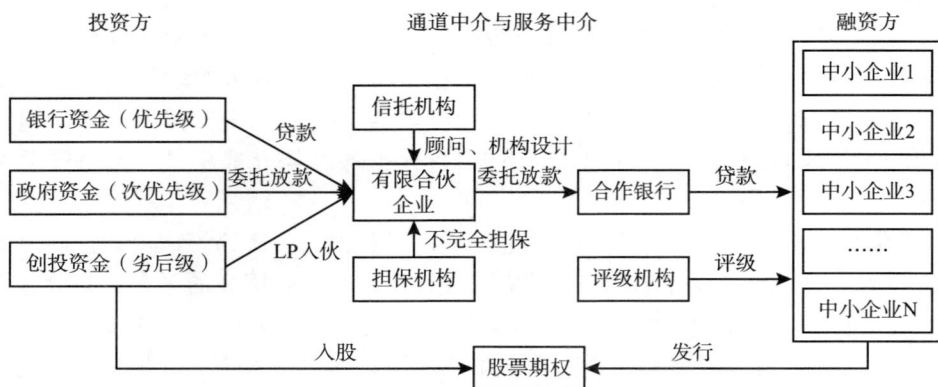

图 5 - 7　银政投集合信贷产品式"路衢模式"的交易结构概要

资料来源：李轶：《科技金融创新业务模式研究》，浙江大学，2017；及笔者整理。

下面本书以中新力合担保公司（即图 5 - 8 中 UPG 担保公司）的"苏堤春晓 2 期"产品为例，分析银政投集合信贷产品的风险、收益分配结构，见图 5 - 8。

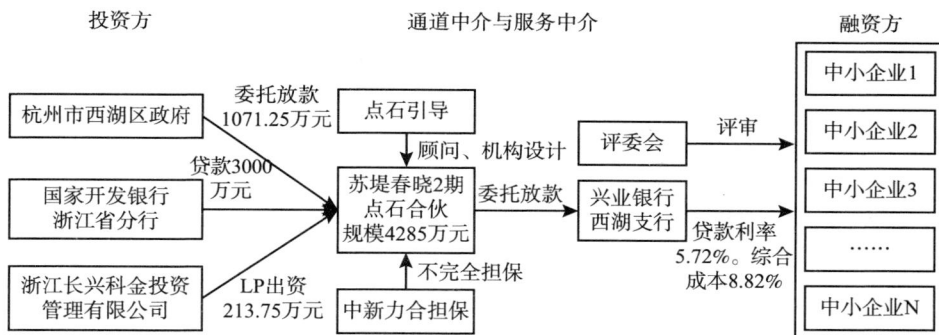

图 5−8 苏堤春晓 2 期产品的交易结构

资料来源：李轶：《科技金融创新业务模式研究》，浙江大学，2017；及笔者个人整理。

在苏堤春晓 2 期产品中，共计 16 家中小型科创企业通过贷款评审审批，共计获得 4285 万元融资金额，其中 3000 万元来自国家开发银行浙江分行的信贷支持，来自银行的信贷支持达到了总融资额度的 70%，是提供融资的主体部分。国开行的贷款在这款产品中属于优先级的固定收益部分，其已将主要风险转移给了担保机构、创投机构等其他参与方，因此，银行贷款这部分资金的价格依据基准贷款利率而定，上浮不超过 30%。这对于需要融资的中小企业而言，大大降低了其融资成本。在本产品中，中小企业获得的委托贷款利率仅为 5.72%，综合成本为 8.82%，融资成本相对较低。

政府投资实际上起到为优先级银行贷款兜底风险和为劣后级创投资金增加杠杆收益的作用，以引导银行、担保机构、创投机构等对企业进行投资。杭州市西湖区政府的出资属于次优级，优先级次于银行资金，相当于为银行贷款资金的安全性增加了一层"安全垫"，降低了银行贷款的风险，从而使得产品对银行而言具有更大的吸引力，当然这意味着银行贷款利率也较低。同时，由于政府出资的目的不在于盈利，不要求收益只要求保本，这对于劣后级的创投机构而言，相当于又增加了财务杠杆收益，因此，也更有参与的积极性。西湖区政府出资仅为 1071.25 万元，占总资金的 25%，撬动了 4 倍的资金杠杆，以有限的财政资金达到扶持地方产业发展的目标。

对于劣后级资金投资方即创投机构而言，寻找高速发展的潜力企业并投资本就是其主要业务，参与对科创企业的投资，既是发挥自身专业能力优势以帮助银行、政府等其他参与方作风险筛查，反过来又由于银行、政府等其他参与方的加入，既提高了被投资企业的融资额度从而增加了企业后续发展的成功率，也为创投企业的投资增加了杠杆收益，在本期产品中，创投机构的产品收益率高达 30%（李轶，2017）。

　　担保资金在本产品中发挥了两重作用：第一重作用是为科创企业融资作增信，这一点与传统的融资担保模式一致；第二重作用是促进风险合理分配。在本案例中，担保机构仅对"优先级＋次优级"大约95%左右的份额进行担保，剩余的劣后级份额由所有债权人共同承担，这种不完全担保的模式减小了担保机构自身和优先级资金参与方的风险，促进了优先级资金供给方的参与，把风险转移给了承受能力更强的创投机构。正是这样一种对风险的不完全担保，能激励创投机构对科创企业作更加详细的尽职调查和管理监督，避免创投机构和融资企业的道德风险。此外，担保机构对产品的参与度可能更深，往往会以自有资金参与融资设计，或者投资优先级份额，或者投资劣后级份额，以避免道德风险并获取收益。

　　当然，此类科技金融产品虽然在投资方资金的风险收益的交易结构设计和分配上做到了越来越精细化，但是在融资方的融资额度、定价和风险分担等方面的交易条件和要素设计目前可能还是不够精细和成熟。特别是一批科创企业集合融资时，由于这类产品设计时，科创企业普遍规模较小，因此，往往对于集合中的所有融资方采取同样的融资条件，且集合内部的融资企业通常也采取无差别互保的模式，但这对于融资企业内部的风险收益分配并不是相匹配和足够精细。

　　此外，这类产品通常融资规模有限，无法大规模普遍性开展，这是由科技金融产品本身条款的多样性所决定的，难以做到标准化。但正如本章已论及的，虽然各类科技金融产品具有多样性，多样性交易条款背后的风险收益分配设计思路却是基本一致的，多样性大多数时候只是体现在具体的条款参数上。在这种情况下，此类科技金融产品依然可以在统一基本设计条款的情形下实现"半标准化"（即合同条款一致，但是具体细节参数可变），通过提高产品的标准化程度更好地推广科技金融产品，从而更有力地支持科创企业的发展。

5.7　科技金融产品的风险控制机制

5.7.1　科技型企业的资产质押

　　前面所述的各类企业增信、保险、结构化融资等交易方案设计主要是基于科创企业的外部政策支持、市场环境、机构间的协同等因素，对科技金融产品的风险进行分配和转移；因为科创企业本身实力弱，难以靠自身化解投资方的风险，因此，针对科创企业的科技金融产品的外部风险分配转移是主要的风险分配转移方式。虽然如此，尽管科创企业自身财务和经营实力弱，但是也仍然具有一些控制和化解风险的方式手段。

科创企业由于其轻资产的特点，通常无法像一般的产业企业一样提供具有高价值的固定资产抵押。针对这种状况，银行对融资担保形式的创新层出不穷，主要以无形资产（知识产权）质押、股权资产质押、收益权（应收账款、订单）质押等方式为主。

例如，在"苏科贷"产品中，提出融资需求的科创企业提供核心自主知识产权作质押，以及企业高管提供一套个人房产抵押（价值不限）即可获得低息银行贷款。在佛山地区，由市政府设立佛山市知识产权质押融资风险补偿资金，合作银行对以自主知识产权进行质押融资的科创企业进行贷款审批。上海浦东新区更是于 2006 年底就设立科创企业知识产权质押担保专项资金，与金融机构合作对科创企业发放知识产权质押担保贷款，政府（占 95%）和银行（占 5%）共担风险。但是总体而言，由于技术发明、专利等知识产权的市场前景不够明朗，在缺乏政府政策强力支持的情况下，银行等机构对于知识产权质押的接受率较低。

收益权质押贷款由于具有可靠的还款来源，在实际业务中也运用较为普遍，且呈现金额小、期限短的特征。例如，重庆农商行的"订单贷""国内发票融资贷"等。"订单贷"以企业获得的真实有效订单为依据，向企业提供用于生产、销售订单项目下产品的流动贷款，最高额度可达 500 万元人民币，期限在 1 年以内。"国内发票融资贷"则是以中小企业在国内真实商品交易中开具的发票为凭证，以发票对应的应收账款作为还款来源，提供流动资金贷款，贷款额度可达实际发票金额的 90%，上限为 1000 万元人民币，期限不超过 9 个月，且可循环使用①。

科创企业的股权类质押融资在实际业务中也比较常见。企业以自身的股权为质押对外融资，但由于企业股权价值不确定性高，且通常当企业经营不善融资可能发生违约时股权价值将急剧下降，因此，在采用股权质押融资时，质押率通常会较低。

5.7.2　外部评估与大数据征信

鉴于科技金融产品投资方的信息收集、专业人员配置等不可能完全到位，因此，引入外部信用评估和大数据征信，通常也是控制科技金融产品风险的重要手段。

引入外部信用评估方式主要有人民银行征信中心、外聘的会计师事务所、资产评估事务所、信用评级机构等。通过借助人民银行征信中心了解企业和企业关

---

① 资料来源：重庆农商行官网，http://www.cqrcb.com。

键人员的历史信用状况；通过会计师事务所、资产评估事务所对企业的财务状况和资产质量进行准确的评估，以及通过信用评级机构对企业进行评估，评估企业的还款能力、还款意愿、未来现金流状况等，能够帮助投资人更好地判断和把握科创企业的经营风险和经营能力。在一些情况下，投行、咨询公司等机构也会参与其中，协助投资人对科创企业所在行业的未来发展、企业自身的行业竞争力、未来盈利和现金流状况作预估，以协助投资方更好地把握科创企业未来的还款能力。

除上述常规的外部评估以外，在风险补偿贷款项目实施过程中，各地方政府在建设和发展当地的科技金融环境，出台相应的科技金融政策的时候，也会注意建设自身地区性的中小企业信用评估系统。例如，与"苏科贷"产品相配套，江苏省生产力促进中心负责科技金融风险补偿资金备选企业库信息管理系统的建设和维护，统计每月贷款入库情况报备省科技厅，并报备和记录贷款的损失情况。

在大数据时代，数据本身就是一笔巨大的宝藏。而打开这个巨大的宝藏在于强大的数据挖掘和分析能力。各个金融机构或者大力扩充大数据类人才，或者与IT行业巨头合作，以加强自身的数据挖掘分析能力，利用业务沉淀的大量客户数据，分析和挖掘客户群体的信用特征，辅助金融机构进行风险的识别和控制。

对于 ICO 融资方式而言，加大信息披露是未来控制投资人风险的重要发展方向。

5.7.3 创新信用评估方式和组织管理方式

传统的信用评估方式是针对传统工商业企业的经营、财务等特征而逐渐形成的一套信用评估方法体系；但是，科创企业固定资产比例低、无形资产比例高、经营不稳定、发展速度快，其资产特征和经营特征与传统企业差异巨大；传统的信用评估方式不能很好地对科创企业的发展能力、还款能力进行评审。因此，结合科创企业的业务特征，对信用评估方式方法进行创新就显得非常有必要。相应的，科技银行对于科技金融产品的组织管理形式也不拘泥传统形式，也应有所改变和创新。

在信用评估方式上，科技金融产品改变传统的过于看重总资产、固定资产、流动性资产、利润、现金流等关键财务指标的方式；更加看重无形资产价值、行业发展潜力、行业竞争力等因素。这对于科技金融产品相关人员的专业素养提出了更高的要求，既要懂得传统的财务分析方法，也要能对企业所在行业的技术特征、行业发展前景和方向、行业竞争力等有很好的把握，才能真正控制和识别风险。此外，由于科技金融产品往往还涉及创投资金、担保资金等，因此，在产品运行和考核中，也不应拘泥于自身，而是要充分考虑不同机构和业务、不同资金性质的差异，将贷款的风险和收益、投资风险和收益、中间业务收益有机结合，整体考量。

正是因为科技金融产品的信用评估上具有诸多新特点，相关金融机构的组织管理方式、运营方式也具有鲜明的创新。例如，以色列的 YOZMA 基金的运营方式具有鲜明的特色。YOZMA 母基金作为有限合伙人，仅负责监督子基金的运作目标、投资方向、退出时机与方式等宏观战略事项，子基金的日常管理执行与投资决策由普通合伙人负责。母基金自身在决策和日常运营管理上也极其注重专业化。YOZMA 基金的董事会以相关行业专家为主体，政府派驻董事会成员只占少数且只负责监督和保证基金投向符合政策性目标，基金的日常经营管理则聘请市场上专业的投资经理人员管理，并支付市场化的报酬，在最大限度上保证基金的专业化、市场化运营。

国内的科技金融产品的组织管理方式创新同样各具特色。例如，南海农商行科技支行定位于"行内专业科技金融信贷服务机构"，实行相对独立的准事业部制运营管理机制，以专业化服务作为机构的组织导向原则，并依据不同企业的特点开发不同的科技金融产品，运营管理、项目审批、绩效考核等都具有独立性。组织结构扁平化、业务审批灵活。

江苏省的"苏科贷"管理方式则是开创性地采用了地区考核竞争的模式，以激励地方政府更好更快地执行扶助科创企业和发展高科技行业的政策。在该管理模式中，江苏省生产力促进中心建立合作地区信用管理制度，对于省资金完成风险补偿后三个月内仍未完成地方风险补偿工作的地区列入不良信用记录。每年对参与地区以及合作金融机构进行考核。对于组织管理工作好、支持科创企业数量和贷款额度高、首贷率高和风险补偿率低的地区和金融机构给予表彰；反之，则提高其风险补偿责任分担比例，直至取消合作。

5.7.4　投资机构对科创企业资产运营的管理和咨询

银行、担保机构、创投机构等金融机构对于科创企业贷款和股权投资是一个长期连续的动态过程。在给企业融资后，除定期了解企业的发展经营状况外，往往还会深度参与企业的具体经营过程以控制风险。如协助企业的应收账款管理、对企业的营运资本管理、为企业的业务和人事管理提供咨询建议等。通过这些贷后、投后管理方式，一方面，既有助于金融机构更加充分准确地把握科创企业的风险；另一方面，也通过运用自身的专业能力帮助科创企业降低经营风险。对于创投机构来说，在对科创企业股权投资或者企业股权质押的情况下，往往会派出人员直接进入科创企业的管理层，以影响企业的战略发展决策，同时也有助于保护机构的自身利益。

第 6 章

科技金融产品的定价方法

按照价格影响因素的不同，对科技金融产品的定价可以采用成本导向、需求导向、综合定价等多种定价方法。

6.1 成本导向定价法

成本导向定价法把业务产品的成本费用视为产品定价中最重要的影响因素和定价依据，一般适用于业务产品的成本相对比较稳定，并易于计算的情形。一般情况下，产品的销售收入应当能涵盖成本，因此，如何补偿和收回成本并获得一定的利润自然是主要的定价依据，成本成为产品价格的下限或者底线。银行开展科技金融产品业务，需要场所、人员、技术、设备、网络、资金等各种资源投入，在将产品销售出去之前已耗费了研发、推广成本等，即投入了大量的沉没成本。总的来说，可以将业务产品的成本分为以下几个部分。

（1）固定成本（FC）。以物力成本为主，如营业场所等。一般来说，单位产品承担的固定成本随业务产品售量增加而呈下降趋势。

（2）可变成本（VC）。主要包括人力成本和管理成本。单位业务产品承担的可变成本变动还要视产品的种类、特性而定。

（3）风险溢价（RP）或风险成本。商业银行因其承担了一定的风险而应获得相应的风险补偿。

至于科技金融产品的收入核算，若业务产品主要由一个部门主管，其收入容易界定；针对多部门共同经营同一新产品的情况，可采取设置分账户的做法。

成本导向定价法主要包含以下几类。

6.1.1 成本加成法

成本加成法是最基本的定价方法，是在全部成本（直接成本加间接成本）的基础上，加成一定比例利润，关注的是成本的回收和利润的获取。其计算式为：

$$TP = (DC + IDC) + EP \qquad (6-1)$$

其中，TP 表示产品总价；DC 表示直接成本，包括直接资金成本、直接人工费和其他直接支出；IDC 表示间接成本，例如，固定资产折旧成本、管理费用、营销费用等；EP 是利润加成，由银行根据盈利目标确定。

$$SP = TP/ES = (DC + IDC + EP)/ES \qquad (6-2)$$

其中，SP 表示产品单价；ES 表示预期销售量或金融产品发售量。

由成本加成定价法，贷款类产品的价格可以通过下列公式计算：

$$LR = FC + NFC + RC + EP \qquad (6-3)$$

其中，LR 表示贷款利率，FC 表示资金成本（存款利率），NFC 表示非资金成本，RC 表示风险成本，EP 表示利率加成率。

非资金成本即手续费、佣金成本、人工成本以及管理成本等；当企业贷款给他人时就会承担一定的风险，因而需加入风险成本，如信用风险等。另外，风险成本因客户而异。对贷款价格采用成本加成法进行计算，一方面，需要金融机构能够对成本进行核算；另一方面，要求能够充分评估贷款的风险以确定风险成本。

成本加成定价法简便易行，计算准确，是最基本、最普遍采用的定价方法：第一，在成本与需求这两个因素之间，科技银行作为产品销售方更容易确定的肯定是成本因素，主要考虑成本因素可简化定价，不需要针对需求变动而频繁地作出调整；第二，当同业大多采用此种定价方法时，价格会变得接近，降低了价格竞争的激烈程度；第三，借贷各方似乎都感觉到更公平些，更易接受和达成交易。但是，由于没有考虑产品本身的价值，也忽略了需求和竞争等因素的影响，适应性较差，其加成率的确定也不一定与市场状况相符，难以制定出最适合的价格。

6.1.2　盈亏平衡定价法

盈亏平衡定价法也叫保本定价法或收支平衡定价法。金融机构在销量既定的条件下，价格必须达到一定的水平才能做到盈亏平衡、收支相抵，既定销量称为盈亏平衡点，当价格高于这一界限时才会盈利，即：

$$TR = TC = ES \times SP = VC \times SP + FIC \qquad (6-4)$$

其中，TR 表示销售收入，TC 表示总成本，ES 表示预期销售量或产品发售规模，SP 表示产品单价，VC 表示变动成本，FIC 表示固定成本。

为了达到盈亏平衡，价格应该为：

$$SP = (VC + FIC)/ES \qquad (6-5)$$

盈亏平衡点是销售收入线与总成本线的交点，见图 6-1。

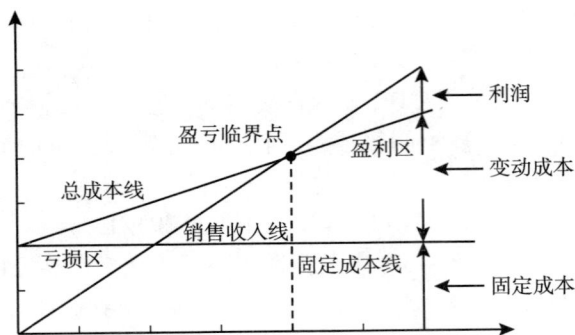

图 6 – 1　盈亏平衡定价

此外，也可考虑边际成本定价法。即仅考虑变动成本而略去固定成本，以预期的边际贡献补偿固定成本并获得收益，适合销量大而占用银行资源较少或其他产品已分摊固定成本的业务产品的定价。边际贡献是指商业银行增加一个业务产品的销售，所获得的收入与边际成本的差额。若边际贡献不足以补偿固定成本，则出现亏损。其计算式为：

单位产品价格（P）＝单位产品变动成本（VC）＋单位产品边际贡献（MC）

6.2　需求导向定价法

从自身定位和主要特色来看，科技银行应当主要采取的是需求导向定价。

需求导向定价在定价时不是以成本为主要因素，而是考虑客户需求的差异，但是这种定价方法应用较为复杂，尤其需要在定价之前应有全面、准确的市场调研和数据的支撑。

需求导向定价法又可以细分为以下几类。

6.2.1　价格歧视法

价格歧视法是指银行根据其业务产品销售的客户特质、时间、地域等因素的不同而对同一类产品制定确定在一定区间内浮动的、差异化的价格，价格差异的原因主要是客户需求的差异。这种定价方法可以使业务产品定价符合市场需求，有利于市场份额增加和实现利润最大化的目标。

价格会负向影响市场需求，市场需求又反过来正向影响价格；进一步，客户之间对产品价格具有不同的需求价格弹性，这使得银行采用价格歧视定价成为可能。银行采取需求差别的定价策略和方法必须具备一定的适用条件：市场必须是可以细分的；细分市场和控制市场的成本费用不能超过因实行价格歧视所得的额外收入；各子市场（即不同的购买者，或不同的购买量）的需求价格弹性不同；子市场间无套利的可能；银行须拥有一定的"市场垄断力量"，是"价格制定者"；价格歧视不能引起客户反感甚至放弃购买。

实行价格歧视的方法是多种多样的，其中最经常和主要采用的价格歧视是基于客户差异的需求区别定价。科技银行可针对特征差异极大的科创企业客户差别化定价，例如，根据担保额度体现区别。

价格歧视还有一些特殊表现形式，例如，跨期价格歧视（时间价格歧视）。指银行将不同时间的客户划分为需求曲线不同的市场，在一段时间内按一个价格销售，在另一段时间内按另一价格销售。跨期价格歧视有两种方式。一种叫"撇脂定价"（也称高价策略），适用于产品技术复杂、难以模仿、短期内竞争对手难以跟进的情况。银行在向市场投入新的业务产品的初期制定高价，同时提供优质服务，在其他银行还未跟进时便迅速回收成本，这使得银行可在一段时间内保持该产品的垄断地位，等竞争对手跟进后已收回产品开发成本，且已有较大份额的客户群，此后便可适当降价以从容应对竞争。另一种跨期价格歧视定价策略叫"渗透定价"（也称低价策略），一般为着眼于长期盈利目标、实力雄厚的大银行采用。银行将新的业务产品以低价投放市场，迅速抢占市场份额，形成规模经济以降低成本和谋求远期的稳定利润。

组合定价（也称"捆绑销售"）也是价格歧视常见的一种形式。银行把"一揽子"服务和产品打包定价，对其中一些服务项目给予价格优惠甚至免费，以此来吸引客户，加强客户的忠诚度，鼓励客户增加其他的金融服务的购买。这种定价形式用主要业务品种的获利来补贴次要业务的支出，为产品的交叉销售提供了机会。由于金融产品的创新更多表现为产品形式的不同组合，组合定价方法的重要性将越来越突出，但在定价过程中要求处理数据较复杂，详细核算各种产品及服务的成本和收益，对银行的经营管理能力要求较高。

6.2.2　理解价值定价法

理解价值定价是根据客户对银行业务产品价值的感受进行定价，让客户觉得物有所值从而愿意购买。银行以成本等因素为基础对业务产品进行定价时，是基于自身对产品做出的判断，所以很可能确定的价格并不能为客户所接受，定价时应考虑客户对此产品价值的感知和理解。一种产品的附加值越多，客户能够感知和理解的价值就越高，也就愿意支付更高的价格，就可以定价更高一些。

理解价值定价时的重要工作是收集并分析客户对银行业务产品价值的评价。另外，在产品的功能、服务方面应尽力与同类产品差异化，让客户感知到产品的差异性价值，在定价上掌握一定的主动权。

6.3   客户分类型定价法

金融机构可以将客户按照以下方式细分。

6.3.1   按经营风险划分，可分为高风险、中度风险、低风险客户

一般是借款人的风险越高，贷款利率也就越高。可在确定合适的基准利率基础上，加上一定价差或乘上一个加成系数的方法来反映特定客户的风险水平。

根据基准利率定价法，对特定客户发放贷款的利率公式应为：

$$LR = BIR + DP + LTR \tag{6-6}$$

其中，LR 为贷款利率，BIR 为基准利率，DP 为借款者违约风险溢价，LTR 为期限风险溢价。

根据客户的不同，应加上不同的风险溢价。违约风险溢价通常根据贷款的风险等级确定。对于高风险客户，并非仅仅采取加收较高风险溢价的方法，还要遵从信贷配给思想，即只接受一部分客户的贷款申请或者降低其额度，对另一部分即使愿意支付高利率的人也拒绝他们的贷款申请。另外，对于期限较长的贷款，还应加上期限风险溢价，因为时间越长，不确定性越大，风险也就越高。

6.3.2   按客户对金融产品的依赖度划分

可分为高度依赖、中度依赖、低度依赖客户三类。客户对金融产品的依赖度决定了其需求的价格弹性和讨价还价能力。

6.3.3   按客户对金融机构利润的贡献率划分

根据与客户关系的远近，制定差异化价格被称为关系定价法（见表 6-1），这对于银行增加销量，巩固与客户之间的关系，提高客户的忠诚度非常重要，目前普遍已采用。关系的建立对于交易的双方都有好处，银行可降低对客户进行信用评估成本以及违约风险；对于客户来说，由于银行会把每一次购买行为看作双

方关系中的一部分,因此,会考虑为客户提供更具竞争力的价格。用价格帮助金融机构与客户建立关系的方式主要有两种:一是长期合同方式,二是多购优惠方式。

表 6 – 1   不同价值客户的服务策略

客户价值	资源配置	服务和定价策略
低现实价值,低潜力价值	不投入或低投入	调整与退出
低现实价值,高潜力价值	适度投入	提升关系,交叉销售
高现实价值,低潜力价值	较高投入	保持和密切客户关系
高现实价值,高潜力价值	加大投入	不断加强客户关系

科技银行通过创新业务产品,提高服务水平和丰富服务渠道,为不同贡献度的客户提供个性化的服务和产品。定价机制要能体现出根据客户对银行的贡献度的差别。

6.4　分阶段定价法

科创企业的融资需求、风险特征和融资模式与其所处的成长生命周期紧密相关,呈现出明显的阶段性特征。科创企业的生命周期可分为种子期、创业期、成长期、成熟期和衰退期,根据所处阶段的差异,科技银行的定价法也有所不同。

6.4.1　种子期

科创企业在种子期阶段具有强烈的创新特征,其核心投入要素是科技人员的科研能力、专利、技术秘密等科研成果。在此阶段,产品性能不稳定,市场前景不明朗,缺乏管理经验。由于技术研发并将其转化为现实产品具有很大的不确定性,所以这一阶段的主要风险是技术研发风险,风险指数较高。科创企业还同时面临着诸如外部市场风险、管理风险等,面临巨大的生存压力。一方面,该阶段的科创企业需要有资金支持研发,尤其像生物医药、电信等行业,该阶段的投入巨大;另一方面,在此阶段研发出的产品尚不能转化为收入和盈利。因此,科创企业在种子期所能采用的融资方式也有限,主要依赖于政府财政提供的创业基金,或者创业者自筹和天使投资等。

6.4.2 创业期

在创业期（或初创期），科创企业已完成产品设计和样品生产，开始进行产品试销、市场导入。这个阶段的主要挑战在于创业者要适应"在商言商"，适应并转型成为企业经营家，可能面临规章制度不健全、行为方针不明、预算体系不健全、管理混乱等难题。在这一阶段更多地将面临各种研发风险、经营风险、外部市场风险等。这一阶段资金需求数量大、投入强度大。

由于经营未进入正轨，前期投入较大而还未能盈利，风险也很大，因此，企业往往只能采取依靠自筹资金、政府财政提供的创业基金、创投机构和银行贷款等。

6.4.3 成长期

在成长期，科创企业的主要技术项目也得到市场验证，产品市场初步形成。企业开始关注技术与市场，营销能力得到了增强，开始获得市场的认可。需要更多的资金来添置设备，增加管理和员工投入，进一步加大市场开拓力度。在这一阶段，风险主要是企业经营风险和市场风险。不过，科创企业获得银行贷款、大型风险资金、金融租赁等融资方式的能力也增强了。对于发展情况较好的企业，也开始寻求通过上市来完成融资。

6.4.4 成熟期

历经千难万险，只有小部分科创企业能得以生存和发展，成功进入成熟期。在该阶段，科创企业的产品在市场上已占有一定份额，业绩表现良好，可抵押资产增多；研发风险、经营风险与市场风险逐渐降低，拥有核心竞争能力；企业形象、品牌已得到一定的知名度和认可，对各界投资者已有诱惑力。但随着企业的发展壮大，它又开始面临着追赶者的进入挑战，面临着技术和产品的升级换代压力，面临着客户和消费者喜新厌旧的挑战，大企业的管理通病开始显现，需要在组织框架、激励约束等方面完善经营管理。如果企业的融资需求得不到满足，可能失去高速成长的机会，在激烈的竞争中将被淘汰。

对于成熟期阶段的科创企业，上市、贷款等是重要的融资方式。科创企业可以选择的上市渠道主要包括中小板、创业板及新三板挂牌融资等。在2018年11月5日，习近平主席在首届中国国际进口博览会上提出将在上交所设立科创板并试点注册制，为科创企业创造了更为便利的上市渠道，更是我国在完善资本市场基础制度上的重要突破。

6.4.5　衰退期

衰退期中的科创企业，在业内的竞争优势弱化，自身创新能力减弱，生产和销售下滑，经营业绩不断恶化甚至面临着倒闭或破产的风险。不过，进入衰退期的部分科创企业仍然处于正常运行中，通过业务转型、技术革新与产品升级换代、精简管理层、引进战略投资者等方式，有可能焕发出新的生机，通常由于财务压力和财务风险较大所以不太被看好，企业往往难以获得外部融资，但可以考虑采取变卖或剥离资产的方式获得内部融资，另外，可以尝试寻求政府帮助，或者尝试通过并购交易，引进新股权投资者。

综合来看，科创企业在其不同的成长阶段面临的风险和适宜采用的融资方式存在较大差异，见表 6 - 2。

表 6 - 2　　　　　　　科创企业在不同成长阶段的融资需求特征

分阶段定价法	种子期	创业期	成长期	成熟期	衰退期
财务状况	大量投入，尚未产生销售收入，亏损	大量投入，少量销售收入，亏损	大量投入，大量销售收入，开始盈利	投入稳定，收入稳定，利润稳定	投入收缩，收入和利润下滑
面临的主要风险	技术风险、市场风险、资金风险、经营管理风险、信用风险	产品风险、市场风险、经营管理风险、信用风险	市场风险、经营管理风险、信用风险	转型风险、经营管理风险、信用风险	财务风险、信用风险、破产风险
融资需求	自筹资金和政策支持为主	自筹资金和政策支持为主，创投开始参与	创投为主，贷款与留存收益作补充	股权投资、贷款与留存收益为主	内部融资为主，贷款与政府扶持作补充

正是科创企业在发展的不同阶段，有着与该阶段特征密切的风险成因和风险特征，因此，科技银行对科技金融产品的定价可与科创企业的成长阶段为根据，要求获得与其风险相匹配的收益补偿（居敏敏，2013）。

6.5　综合定价法

单一定价方法一般都有一定的适用范围，是针对某一客户群体或业务产品生命周期某一阶段等因素确定价格的方法。一般只能片面地解决一部分定价目标，例如，成本加成定价法并没有考虑客户对业务产品价格的感知，客户可能对定价并不满意；需求定价在确定价格时把客户的满意度放在第一位，但是客户有时对价值的判断并不十分准确，客户的需求经常是由供给创造，业务产品的提供者可加以引导。银行在对业务产品进行定价时，必须综合考虑自身因素、目标市场和竞争对手，忽略了任何一方都可能导致定价方法上的失误。

因此，实际在进行定价决定时，需要综合考虑影响银行业务产品定价的成本、客户需求、市场竞争状况等因素，同时针对外界环境以及银行自身的变化，及时调整。

综合定价法的步骤可包括以下几个方面。

首先，进行业务产品的成本核算，准确的成本核算是定价的基础。

其次，基于需求导向，在价格敏感性分析基础上，从客户偏好、区域、销售时间等角度进行市场细分，针对不同的市场细分和不同的价格敏感性，调整价格。

最后，将自身成本、目标市场和竞争对手综合权衡，估算出业务产品的价格。

综合定价法综合考虑了金融机构的筹资成本、经营成本、风险、利润目标以及与客户的关系、市场情况等，有利于信贷管理的精细化发展。特别是客户因素和市场因素的引入，将促使金融机构建立以市场为导向、以客户为中心的信贷管理体系，使金融机构的信贷管理从一味回避风险转向主动经营风险并获得合理回报。此方法还将促进信贷管理从定性分析和经验判断为主向注重技术运用和定量分析转变（郭田勇等，2010）。

6.6 RAROC 定价法

正如前面所述，与一般企业贷款相比，科创企业的金融贷款具有自身特征。对此，风险调整的资本回报模型（RAROC）贷款定价方法以一种可行的机制，在一定程度上缓解了定价难题，具有较好的可应用性。

RORAC 方法在理论上也可以看作属于业绩定价法。传统的业绩表现可参考ROE（return on equity）、ROI（return on investment）等指标。ROE 衡量了权益资本的收益率；ROI 考虑了投资回报率高低。这两个指标都是建立在账面会计的基础上，不能反映企业真正的盈利表现。更重要的是，在计算时并没有考虑风险，而且在进行单项投资的决策中，其分母项难以从企业的资产负债表中得到。

与传统的业绩指标相比，RAROC 方法在分子项扣减了预期损失，在分母项使用经济资本，可实现对不同风险程度客户的区别对待，以及收益与风险相匹配的原则。

RAROC 模型及参数估计，根据 RAROC 的计算式：

$$RAROC = \frac{L \times r - c \times L - D \times i - EL}{EC} \qquad (6-7)$$

可推导得到贷款利率计算公式为：

$$r = \frac{EC \times RAROC + c \times L + i \times D + EL}{L} = \frac{EC \times (RAROC - i) + EL}{L} + c + i \qquad (6-8)$$

其中，贷款利率为 r，贷款总额为 L，经营费用率为 c，占用资金成本为 D，资金成本（利率）为 i，预期损失为 EL，经济资本为 EC，风险调整后的资本回报率为 RAROC。

下面介绍相关指标是如何处理得出来估算的。

风险调整后的资本回报率 RAROC：该指标应考虑到银行的风险偏好及经济周期等因素，根据出资者要求的行业回报率进行确定，选取的回报也应符合预期。科技银行根据相应的资本回报率数据可以直接使用此定价法。如果没有相关数据，我们采用的方法是，使用 Wind 数据库中的银行指数中核心财务指标 ROE 来代替，选择该指标的原因是经风险调整后的资本回报率所覆盖到的风险包括特定风险和系统性风险，我们取指数这一平均值概念可以在一定程度上消除特定风险，比传统文献直接使用具体的惯例数字更加接近 RAROC 的含义。

预期损失 EL：

$$EL = EAD \times LGD \times EDF \qquad (6-9)$$

其中，风险暴露为 EAD，对于表内业务，直接使用贷款余额 L；对于表外业务还需要知道承诺金额和已提取承诺金额。科技银行可掌握贷款对象企业的情况及贷款金额数据。

违约损失率（LGD），可以查阅资产管理公司的平均资产和现金回收率的数据进行估算。如果有清收数据和时间分布也可以准确的估算，即 LGD = 1 - 回收率。在 Wind 数据库中可以找到一些资产管理公司的回收率数据。通过查阅东方、华融、信达等资产管理公司的近期相关报告，测算出平均的资产和现金回收率大致在45% ~55% 之间，这个结果也符合金融机构的违约损失率经验情况，保守取50%。

预期违约率（EDF）：如果科技银行因为企业的历史数据不充足等因素，导致违约率计算困难，可采用下文中的估计违约率的方法进行具体处理，下面将对此问题进一步研究。

经营费用率（c）（即业务费与管理费/发放贷款总额）：金融机构自身应该能掌握和提供这类数据。

　　资金成本（利率）（i）：使用付息负债的加权资本成本比较合理。使用利息支出/发放贷款总额。如果没有具体数据，可以用人民银行公布的 1 年期存款基准利率来代替，但多数银行都在此基础利率上作了上浮调整。考虑到科技银行的融资渠道可能高于上市银行的融资成本，我们使用最高的 2% 作为资金成本率的替代。

　　经济资本 EC：计算公式如下：

$$
\begin{aligned}
\mathrm{EC} &= \mathrm{K} \times \mathrm{EADK} \\
&= \mathrm{LGD} \times \left[\phi\left(\frac{\phi^{-1}(\mathrm{PD}) + \phi^{-1}(0.999) \times \sqrt{\mathrm{R}}}{\sqrt{1-\mathrm{R}}} \right) - \mathrm{EDF} \right] \\
&\quad \times \frac{1 + (\mathrm{M} - 2.5) \times \mathrm{b}}{1 - 1.5\mathrm{b}} \\
\mathrm{b} &= \left[0.11582 - 0.05478 \times \ln(\mathrm{PD}) \right]^2 \\
\mathrm{R} &= 0.12 \times \frac{e^{-50 \times \mathrm{PD}}}{1 - e^{-50}} + 0.24 \times \left(1 - \frac{1 - e^{-50 \times \mathrm{PD}}}{1 - e^{-50}} \right)
\end{aligned}
\tag{6-10}
$$

第 7 章

对科创企业的信用风险的实证估计

7.1 预期违约率的估计方法

在对科技金融产品进行合理定价时，定价的关键影响因素之一是科创企业的信用风险。学界和业界开发出了多种方法，力求能正确识别和准确度量信用风险。

对预期违约率（EDF）的估计也就是估计违约风险。对信用风险和违约率的估计方法可以归纳为经验法、经济计量模型和结构化模型等。

7.1.1 经验法或专家评估法

经验法就是通过经验数据，也就是根据实际发生的违约数据，来推断不同信用评级对应的违约率。但是，经验法也有缺陷：信用违约及信用评级转移是一个动态的过程，历史数据并不能完全代表将来的情况；另外，采用该方法的前提是必须有样本容量足够大的数据，所以可能还不太适用于我国的科技金融定价的实务操作。

由有关专家团队对信用风险进行评估和管理的方法称为"6C"模型。有关专家根据借款人的以下 6 个因素评定其信用程度和综合还款能力，决定是否最终给予融资支持：（1）品德（character）主要指借款人的作风、观念以及责任心等。借款人过去的还款记录是判断借款人品德的主要依据。（2）能力（capacity）主要指借款者归还贷款的能力，包括借款企业的经营状况、投资项目前景等。（3）资本（capital）主要指企业的资本结构和规模。（4）抵押品（collateral）主要指企业能否提供合适的、质量较优的抵押品。（5）经营环境（condition）主要指企业所在行业的经营环境及趋势。（6）事业的连续性（continuity）主要指借款企业持续经营前景和未来的盈利能力。

在分析这 6 项基本因素之后，还需要作进一步分析，包括借款人为何需要贷款、借款人的财务报表现状及趋势、贷款人的现金流量和假设出现问题的解决方案、所处行业地位和竞争力、有关合同文件的限制性规定等。

在专家制度下，对相关产品的风险度量依靠的是相关专家的经验和主观判断，需要较大的人力投入。考虑到科创企业小而多的特点，专家制度不具有普遍适用性，但当某些企业个案难以用其他方法度量风险时采用。

7.1.2 Z-score 模型

在早期的估计方法中，5C 法和贷款五级分类法属于专家分析法，尽管现在仍然被很多银行使用，但是该类方法面临着一致性和主观性两个重大挑战。诸如线形判别模型、Logit 模型和 Probit 模型等基于经济计量模型的信用评级方法，优点是可同时考虑多项财务指标，可较好地衡量企业的整体绩效，已得到广泛应用。但是这类模型也存在缺陷：主要依赖离散而非连续的财务数据，因此，难以发现信用评价对象经营状况中细微、快速的变化。而科技金融贷款具有风险较高，流动性差，财务记录质量不高等特点，所以在现阶段这类模型也可能不太适合用来估计我国科创企业的违约率。

Z 值模型最早由美国著名学者阿尔特曼（Altman）1968 年以财务数据为基础，设计出用来评估企业违约风险的模型。他采用多因素分析法，选取了美国 1944～1965 年 66 家上市制造业企业的财务数据，在众多财务比率中筛选出最能反映企业经营状况和信用状况的 5 个代表性指标，并确定各比率的权重，最终得出相应的 Z 值。Z 值模型具有之前其他模型不具备的优点：一是该模型在对未来违约预测的同时加入了历史违约数据，创新性地从历史违约数据的角度进行信用利差预测；二是在前提中假设信用风险是非系统性的，认为大部分投资者对风险的偏好是中性的。一般 Z 值越大，则该企业遭受损失或违约的概率就越小，反之则越大。在实践过程中，Z 值模型对预测企业是否具有破产可能的准确性较高，并在美国得到了推广和应用。从判别结果来看，Z 值模型的短期预测结果明显优于长期，这也是由于 Z 值模型的一些固有缺陷造成的。首先，该模型选取的样本数据都是上市公司，且仅仅是一些财务数据，无法对所有公司类型的全局性进行把握。此外，它对信用风险的非系统性假设违背了事实，因为实际结果显示信用风险的系统性相当明显。此后又提出了 ZETA 模型，进一步改善了传统的 Z 模型。

7.1.3 Logit 模型

Logit 模型是通过一个赋值为在 0 和 1 之间的函数来进行二类模式分类。它不需要数据满足正态分布，而且因变量与自变量之间不是一种线性关系，模型可表示为：

$$P = \frac{1}{1 + e^{-s}} \qquad (7-1)$$

$$s = C_0 + \sum_{n=1}^{N} \beta_n X_n \qquad (7-2)$$

其中，C_0 为常数，X_n 为信用风险评定中的影响变量，β_n 为影响系数，通过回归或极大似然估计获得，回归值 $P \in (0, 1)$ 为信用风险分析的判别结果。

对于某一企业，如果 Logit 回归值 P 接近 0，则可认为经营"差"；若其 Logit 回归值接近于 1，则可认为经营"好"，P 值越远离 0，代表该企业违约的可能性越小。

选取影响科技创业企业信用风险的指标变量可分为两大类：财务指标和非财务指标。反映收益性、资本结构、流动性、公司活动、公司规模和增长性 6 个方面的财务指标可分别揭示企业的信用风险状况；反映公司领导者、经营管理团队及其产品市场占有率等状况的非财务指标，间接反映与其公司信用风险的关系。指标体系见表 7-1。

表 7-1   客户评估体系

指标类型		变量序号	指标名称	备注
财务指标	收益性	1	总资产报酬率	
		2	净资产收益率	
		3	总资产周转率	
	资本结构	4	资产负债率	
		5	权益负债比	
		6	流动负债率	
	流动性	7	营运资金与总资产比率	
		8	流动比率	
	公司活动	9	应收账款周转率	
		10	存货周转率	

指标类型		变量序号	指标名称	备注
财务指标	公司规模	11	相对于大型企业的固定资产标准	
		12	相对于大型企业的销售额标准	
	增长性	13	销售收入增长率	
		14	利润增长率	
		15	总资产增长率	
		16	资本积累率	
非财务指标	行业性质及地区因素	17	行业性质	制造业=0，运输仓储=1，批发零售=2，信息技术=3，社会服务=4，水电煤气=5，农林牧渔=6
		18	地区	西部=0，中部=1，东部=2
	企业主	19	性别	男=0，女=1
		20	受教育程度	大学程度及以上=0，大学以下=1
	市场状况	21	主要产品市场占有率	
	官僚化程度	22	行政管理人员占从业人员比重	

由于处于不同生命阶段的科创企业面临的风险和融资需求不同，可对目标企业进行分组，分别对各组内即各个生命阶段的企业样本进行指标筛选，确定模型系数，最终针对不同生命阶段的企业建立不同的信用风险判别模型。

从定性的角度考虑指标选取。例如，在种子期，企业风险高，资金需求量小，不确定因素多且不易测评，资金主要用于研发，财务数据不健全且缺乏历史数据。基于此，可把行业性质、企业所处地区、企业主情况等非财务指标作为模型指标体系的主要组成部分。

从定量的角度考虑指标选取。对于各生命阶段，可选择一批现有的科创企业样本数据，通过回归分析进行指标筛选和模型系数确定。

首先，对表7-1中初步选定的指标体系中22个指标变量分别进行单变量Logit回归，之后剔除无显著解释力的指标变量。然后，将剩下的变量引入Logit回归模型，采用后向Wald逐步选择法，确定最终模型，并进行偏回归系数估计。在估计过程中，将每步Wald统计量的估计值最小（也即是显著性最弱）的变量剔除，直至所有解释变量都达到设定的显著性水平，这样可确定最初指标体系中与因变量之间存在明显相关性的指标，进入最终的创业企业信用风险评价模型。

根据企业所处的生命阶段筛选变量，分别构建指标体系，将在一定程度上提高模型判别结果的准确性。

7.1.4　结构化模型

在前述模型中，经验法缺乏足够的数据，专家分析法过于主观，经济计量模型在选择违约率的影响因素上缺乏理论依据。KMV 模型对公司上市交易的要求和苛刻的假设条件也具有一定的限制性。虽然如此，综合来看，基于期权理论的 KMV 模型可以更好地衡量科创企业的违约风险。结构化模型就是根据企业债务结构，运用期权定价原理研究企业违约行为，进而表征信用风险的模型。

默顿（Merton，1974）最初提出了结构化模型，成为分析债券信用风险的重要基础。该模型是建立在布莱克和斯克尔斯（Black and Scholes，1973）提出的期权定价模型（BS 模型）基础之上。该模型假定偿付率和违约率均为内生变量，假定企业只有在破产时才发生违约。模型将权益看作针对企业资产的看涨期权，公司股东被认为拥有以债券价值为执行价格，以债券到期期限为有效期限，以公司资产为基础资产的欧式看涨期权，这一期权的价值就是企业的权益，通过 BS 模型可以为权益定价。同时，企业债券的价值也就可以用总资产价值减去权益的价值而得出。模型最终得出结论，信用债券的信用利差主要受到企业价值的波动率和准债务比率的影响。之后许多学者在此基础之上有所改进，布莱克和考克斯（Black and Cox，1976）假设公司可能在债务到期前任意时刻发生违约，从而引入了首次通过时间模型（first-passage time models），当公司的资产价值超过门槛时，就会出现违约，违约被视为一种门限期权。朗斯特和施瓦兹（Longstaff and Schwartz，1995）假定利率水平结构不再是水平的。尽管许多学者都对该模型进行了一定的优化和修正，但由于该模型是建立在 BS 期权定价公式之上的，因此，必须满足 BS 模型的苛刻假设条件，使得模型的实际应用性大大降低。另外，公司价值及其波动率的测算难度也使得实证研究进行较为困难，实证效果并不明显。

KMV 模型与 Credit Metrics 模型是目前最为流行的两个信用风险管理模型，是结构化模型现实应用的典型代表。KMV 模型源于 Merton 模型，并得到了广泛应用，由美国 KMV 公司于 1997 年建立。Credit Metrics 模型也是另一个得到广泛应用的信用风险度量模型，由美国 J. P Morgen 集团于 1997 年与美洲银行、瑞士银行公司及 KMV 公司共同研发。在 Merton 模型计算违约概率的基础上，利用信用评级公司的数据建立信用概率迁移矩阵，从而测出债券的 VaR 值。

KMV 模型能预测并更新所有股权公开交易的企业和银行的违约概率。KMV 模型认为，上市公司的违约概率主要与公司的财务结构、公司的债务和股票的市场价格、关于公司未来收益和风险的主观评估三种信息有关。股权投资者和公司债权人利用各种信息进行交易，因此，市场价格是投资者的综合性评估，具有前瞻性。基于此，KMV 模型认为，同时含有公司财务和市场价格的模型是最有效的估计公司违约概率的方法。KMV 模型将公司股权视为以公司资产为基础资产的欧式看涨期权，将公司负债视为该看涨期权的执行价格，假设公司只有一种债务，则该期权的协议价格为债务价值，期权的执行期限即为债务到期期限。债务到期时，若公司资产不足以支付债务，则公司违约，将公司资产完全转交债权人。因此，公司股权的价值可以通过期权定价方法得到。

KMV 模型的关键思想在于将公司向银行贷款视为做多一份以公司资产市场价值为标的，以公司债务价值为执行价格的欧式看涨期权。模型分三步来估计预期违约率 EDF：第一步，估计公司资产的市场价值及其波动率；第二步，测算违约点（default point，DPT）及违约距离（distance to default，DD）；第三步，确定违约距离 DD 与预期违约率（expected default frequency，EDF）之间的映射，将违约距离转化为对预期违约率（EDF）的估计，即可表征公司违约风险的大小。

KMV 模型有其他模型所不具备的优点。

第一，KMV 模型中的预期违约率（EDF）估计在本质上是一种风险的基数衡量法。与序数衡量法不同，前者的优势在于不仅可反映不同公司风险水平的高低排序，而且可以反映风险水平差异的程度，估计结果更为准确。

第二，模型的输入数据为公司股票交易数据和财务报表中的财务数据，因此，可适用于公开交易的上市公司的信用风险度量。我国证券市场有足够的创业板和中小板企业市场数据和财务数据，数据可获得性较好。

第三，KMV 模型是一种动态模型，输入模型中的数据可实时更新，及时反映上市公司的信用状况。

第四，KMV 模型是一种具有前瞻性（forward-looking）方法，在一定程度上克服了依赖历史数据的后顾型（back-looking）方法的不足。它以股票市场价格的数据为基础，不仅反映了公司的历史和当前状况，还具有对公司未来发展前景的预期。较之大量依赖财务指标的模型，KMV 模型对财务指标的依赖仅限于债务的账面价值，也可在某种程度上缓解可能存在的会计信息失真的影响。科创企业在较早期的财务指标较差，但具有较大的未来发展空间，KMV 模型更加适用。

第五，KMV 模型不要求有效市场假设，在弱有效市场的预测效果可能更好。在弱有效市场中，拥有信息优势的机构投资者往往利用"内幕信息"进行交易，引起股价大幅变动，但也可能反映了这些企业未来前景的大量信息。此外，股市的"羊群效应"倾向于夸大市场反应，从而使得预期违约率更具敏感性（Korablev, I. and Dwyer, D., 2007）。

在本章 7.2 节中,将基于 KMV 模型,对科创企业的预期违约率进行实证估计。

7.2 基于 KMV 模型对预期违约率的实证估计

7.2.1 样本选取

根据 2003 年 2 月 19 日国家经贸委、财政部、国家统计局、国家发改委联合发布的新《中小企业标准暂行规定》,中小企业的判定条件为:职工人数 2000 人以下,或销售额 3 亿元以下,或资产总额 4 亿元以下。与此前划分标准的最大不同在于新标准中把从业人员数量作为一条主要划分依据,这也是国外十分强调的数量标准。关于科创企业的判定标准,应是研制、开发、生产、销售高技术产品或大规模运用高技术的企业(陆立军、盛世豪等,2002)。2017 年 5 月,科技部、财政部、国家税务总局印发《科技型中小企业评价办法》,提出科创企业须同时满足多项条件,如在中国境内(不包括港、澳、台地区)注册;职工总数不超过 500 人、年销售收入资产总额均不超过 2 亿元;产品和服务不属于国家规定的禁止、限制和淘汰类。

结合上述判定标准,我们从营业收入、资产总额、员工人数、研发费用占主营业务收入的比例、主营业务及主要产品等多个维度评估科创企业,选取了在创业板上市的 32 家科技中小企业作为样本,其中包括从事传媒互联网、电子信息、医疗生物、综合类 4 个科技行业的 32 个公司,其中综合类包括环保、新材料、新能源三个行业。从 Wind 数据库上获得了 2015~2017 年的相关数据,用 KMV 模型计算其预期违约率。

7.2.2 KMV 模型的框架与估算步骤

KMV 方法假设公司资产价值遵循几何布朗运动,所以利用 BS 期权定价模型及股权和资产价值波动率之间的关系,可联立以下方程,求解资产价值 V_A 和资产价值波动率 σ_A:

$$\begin{cases} V_E = f(V_A, \ DPT, \ r, \ \sigma_A, \ t) = V_A \phi(d_1) - DPT^{-rt} \phi(d_2) \\ \sigma_E = \dfrac{V_A}{V_E} \phi(d_1) \sigma_A \end{cases} \quad (7-3)$$

其中，
$$d_1 = \frac{\ln(V_A/D) + r + \frac{1}{2}\sigma_A^2}{\sigma_A\sqrt{t}}, \quad d_2 = d_1 - \sigma_A\sqrt{t}。$$

式（7-6）中，各变量分别为：V_A 为资产价值，σ_A 为资产价值波动率，V_E 为股权价值，σ_E 为股权价值波动率，r 为无风险利率，DPT 为违约点，t 为债务期限，D 为债务价值，$\phi(d)$ 为正态分布变量 d 的累积概率分布函数。

接着，估计违约距离（DD）。按照 KMV 公司对违约点（DPT）的定义，$DPT = SD + 0.5LD$，其中，SD 和 LD 分别为短期、长期债务。则违约距离为：

$$DD = \frac{E(V_A) - DPT}{E(V_A)\sigma_A} \qquad (7-4)$$

其次，假设资产价值预期增长率 g = 0，则：$E(V_A) = V_A(1+g) = V_A$，即：

$$DD = \frac{E(V_A) - DPT}{E(V_A)\sigma_A} \qquad (7-5)$$

接下来即可估算预期违约率（EDF）。鉴于我国目前尚未建立起全面的违约数据库，为解决此数据可获得性问题，可假设资产价值服从对数正态分布，得到理论预期违约率（EDF）：

$$EDF = Pr(E(V_A) < DPT) = \phi\left(-\frac{E(V_A) - DPT}{E(V_A)\sigma_A}\right) = \phi(-DD) \qquad (7-6)$$

7.2.3 参数估计

7.2.3.1 股权价值（V_E）

股权的市场价值是股价与股票总数之积。公司股票主要有两类：一类是流通股；另一类是限售股。两者具有不同的特征，不能等而视之。为更加准确地计算股权市场价值，可分别计算流通股和限售股的价值计算。本书采用较为广泛采用的估算式，即：

股权价值 = 流通股股数 × 当月股票平均收盘价格 + 非流通股股数 × 每股净资产

7.2.3.2 债务价值（D）

当上市公司资产的市场价值接近债务价值总额时，公司违约风险增加；当市场价值低于债务价值总额时，将发生违约。但是从负债结构来看，与短期负债不同的是，长期负债可延迟和缓解还债压力，降低公司近期的违约风险。因此，上市公司债务价值中的短期债务与长期债务比例关系至关重要。KMV 公司通过对大量违约公司的实证研究发现，公司的债务价值一般都处在公司的债务总值与短期负债之间，最频繁的临界点位于短期债务与 0.5 倍的长期债务之和的位置。因此，本书对债务价值的设定采取与 KMV 公司相同的方法，即：

$$债务价值 = 短期债务价值 + 0.5 \times 长期债务价值$$

7.2.3.3　股权价值波动率（σ_E）

公司的股权价值及波动主要由公司的股票价格及波动决定。国内较早期的研究主要是采用历史平均法来计算股权市场价值的波动率，这种方法的假设前提是股票日收益率服从独立同分布。股票日收益率计算方法可表示为：

$$u_t = \ln(P_{t+1}/P_t)$$

其中，P_t 为公司月股票的日度收盘价值。

则，

$$\sigma_d = \left[\frac{1}{n-1} \sum_{t=1}^{n} (u_t - E(u_t))^2 \right]^{\frac{1}{2}}$$

再设年交易天数为 T，则股权价值波动率为：

$$\sigma_E = \sigma_d \sqrt{T}$$

7.2.3.4　违约点（DPT）

一般观点认为，公司总资产低于总负债时会出现违约。但 KMV 模型认为，长期债务与短期债务的性质和影响有着重要差异，要分别对待。短期债务意味着近期就要动用企业资产，但是长期债务意味着企业还有一定的时间和机会延缓偿还。因此，违约点的估算式可将短期债务的系数设为 1，而将长期债务的系数设定为处在 0 至 1 之间的 <1 的某个数值。违约点是 KMV 模型中非常关键的参数，其准确性将显著地影响模型的准确性。因此，对 KMV 模型必须要进行违约点的修正。

KMV 公司根据本国数据，进行反复验证，最终确定违约点是短期债务与 0.5 倍的长期债务之和。然而其估算结果可能并不符合我国的情形，尤其是上市的科创企业的实际，其信用风险较高，长期负债的系数应该比 0.5 更大一些。本书对符合我国科创企业实际的估算式进行了调整校准。结合之前已有文献的结果，并经过反复"试错"和比较，最终选定采用最小二乘估计（OLS）对违约点进行调整校准估计。采用最小二乘估计（OLS）非常适合于研究此类问题。

7.2.3.5　无风险利率（r）

无风险利率选取的是中国人民银行公布的 1 年期定期存款利率，若其当年内经过调整，则以实行天数占全年天数的比例为权重来估算，见表 7 - 2。

表7-2   加权平均年无风险利率

年份	1年期定期存款利率	开始时间	结束时间	持续时间（日）	加权平均年无风险利率
2015	2.75	2015年1月1日	2015年2月28日	59	2.12
	2.50	2015年3月1日	2015年5月10日	71	
	2.25	2015年5月11日	2015年6月27日	48	
	2.20	2015年6月28日	2015年8月25日	58	
	1.75	2015年8月26日	2015年10月23日	59	
	1.50	2015年10月24日	2015年12月31日	70	
2016	1.50	2016年1月1日	2016年12月31日	365	1.50
2017	1.50	2017年1月1日	2017年12月31日	365	1.50

资料来源：中国人民银行网站。

7.2.3.6 债务期限（t）、债务价值（D）

债务期限取t=1；债务价值为公司年报中的负债数据。

7.2.4 估计结果及结论

基于KMV模型的实证估计结果见表7-3、表7-4、表7-5、表7-6。

表7-3   传媒互联网行业公司的违约距离和预期违约率的估计结果

序号	证券代码	证券名称	违约距离			预期违约率（%）		
			2015年	2016年	2017年	2015年	2016年	2017年
1	300264.SZ	佳创视讯	1.17	1.16	2.97	12.03	12.34	0.15
2	300270.SZ	中威电子	0.90	1.85	3.65	18.28	3.22	0.01
3	300277.SZ	海联讯	1.20	0.95	2.01	11.51	17.17	2.23
4	300300.SZ	汉鼎宇佑	1.06	3.11	3.03	14.45	0.09	0.12
5	300330.SZ	华虹计通	1.32	2.79	3.03	9.26	0.26	0.12
6	300333.SZ	兆日科技	0.66	1.81	3.12	25.43	3.52	0.09
7	300379.SZ	东方通	1.08	1.61	1.17	14.10	5.33	12.14
8	300399.SZ	京天利	0.91	1.73	2.47	18.11	4.16	0.67
9	300455.SZ	康拓红外	0.96	1.13	2.33	16.96	12.97	1.00

序号	证券代码	证券名称	违约距离			预期违约率（%）		
			2015 年	2016 年	2017 年	2015 年	2016 年	2017 年
10	300467. SZ	迅游科技	0.63	1.65	3.62	26.46	4.99	0.01
行业均值			0.99	1.78	0.99	16.66	6.41	1.66

表 7 - 4　　　　医药生物行业公司的违约距离和预期违约率的估计结果

序号	证券代码	证券名称	违约距离			预期违约率（%）		
			2015 年	2016 年	2017 年	2015 年	2016 年	2017 年
1	300016. SZ	北陆药业	1.22	1.90	3.28	11.05	2.88	0.05
2	300238. SZ	冠昊生物	1.11	3.37	3.40	13.30	0.04	0.03
3	300401. SZ	花园生物	0.98	1.75	2.65	16.35	4.05	0.40
4	300406. SZ	九强生物	0.92	1.25	3.56	17.79	10.66	0.02
5	300404. SZ	博济医药	0.77	1.97	3.03	21.96	2.46	0.12
6	300485. SZ	赛升药业	1.13	1.17	4.02	12.83	12.01	0.00
7	300149. SZ	量子生物	2.46	2.12	14.78	0.69	1.70	0.00
行业均值			1.23	1.93	1.1169	13.42	4.83	0.09

表 7 - 5　　　　电子半导体行业公司的违约距离和预期违约率的估计结果

序号	证券代码	证券名称	违约距离			预期违约率（%）		
			2015 年	2016 年	2017 年	2015 年	2016 年	2017 年
1	300029. SZ	天龙光电	1.26	2.05	2.65	10.41	2.00	0.40
2	300077. SZ	国民技术	1.30	1.07	2.63	9.75	14.34	0.43
3	300076. SZ	GQY 视讯	1.53	1.21	2.45	6.25	11.26	0.72
4	300139. SZ	晓程科技	0.83	2.08	3.38	20.43	1.87	0.04
5	300220. SZ	金运激光	1.27	3.89	2.65	10.17	0.00	1.13
6	300223. SZ	北京君正	0.97	3.05	1.96	16.66	0.12	2.49
7	300327. SZ	中颖电子	1.25	1.56	2.40	10.65	5.92	0.82
8	300346. SZ	南大光电	1.55	1.65	2.20	6.11	4.90	1.41
行业均值			1.24	2.07	1.35	11.30	5.05	0.93

表 7-6　　　　　综合类行业公司的违约距离和预期违约率的估计结果

序号	证券代码	证券名称	违约距离			预期违约率（%）		
			2015 年	2016 年	2017 年	2015 年	2016 年	2017 年
1	300069. SZ	金利华电	1.50	2.23	3.51	6.68	1.29	0.02
2	300141. SZ	和顺电气	1.62	1.56	1.59	5.22	5.99	5.63
3	300172. SZ	中电环保	0.92	1.67	2.79	17.83	4.74	0.27
4	300191. SZ	潜能恒信	1.51	1.57	2.32	6.59	5.86	1.01
5	300456. SZ	耐威科技	1.69	1.25	2.39	4.60	10.57	0.85
6	300489. SZ	中飞股份	1.05	1.12	2.82	14.70	13.23	0.24
行业均值			9.27	6.95	1.34	9.27	6.95	1.34

从估计的分行业的预期违约率情况来看，2015 ~ 2017 年，传媒与互联网行业的违约率分别为 16.66%、6.41%、1.66%，医药生物行业分别为 13.42%、4.83%、0.09%，电子半导体行业分别为 11.30%、5.05%、0.93%，综合类行业分别为 9.27%、6.95%、1.34%。综合来看，传媒和互联网行业的预期违约率较高，其中 2015 年违约率达到 16.66%。另外，违约率呈现逐年下降的现象。可以看出，随着公司的成长，财务指标的逐渐稳定，使得预期违约率逐渐下降。

综上所述，通过基于 KMV 模型的实证估计，并对分行业的估计出的违约率进行纵向比较，并结合企业的现实表现，可看出 KMV 模型具有较好的企业信用风险的预测能力，可以动态地反映科创企业的信用状况的变化趋势。KMV 模型在评估科创企业的信用质量尤其是在估计违约风险方面表现出有效性和优势。因此，科技银行等金融机构可以利用 KMV 模型来估计科创企业的违约风险，作为考虑向其投资的依据。

7.2.5　估计方法存在的不足和解决方法

KMV 模型可有效地用于对科创企业的预期违约率进行实证估计，但其应用也面临若干阻碍和不足。该模型一般适用于对上市公司的信用风险进行评估，但未上市公司缺少市场数据，使用模型就难以估计出可靠的违约率。变通的办法是，对于未上市公司，可利用同行业类似的上市公司进行参照估计。在后续的研究中可探索使用线性判别法和决策树模型等其他的估计违约率的可行方法。

KMV 模型要根据不同违约距离值的公司的历史违约数据，来估计和确定违约距离与预期违约率之间的映射关系，并以此估计预期违约率，因此，上市公司的违约历史数据应当是可获得的。但我国的相关数据缺乏，致使难以基于违约距离来估算出违约率。所以，我们只能假设资产价值服从对数正态分布，来估计理论上的预期违约率。

由于难以搜集到足够的来自金融机构的实际数据，所以，难以根据实际的违约率数据与 KMV 估计的预期违约率进行验证，一定程度上影响了对 KMV 模型的有效性进行检验。

对于模型的假设和函数关系适用性有待进一步验证。例如，对资产收益的正态分布假设，并未得到广泛的认可；KMV 将违约点确定在是短期债务与 0.5 倍的长期债务之和的位置，然而实际中违约点并非固定不变，而是一个随机变量，因此，违约点的估算值得进一步研究。

KMV 模型也未对长期债务的不同类型再进行进一步的分解。实际中，债务的优先偿还顺序、是否有担保、可否转换等性质会显著地影响违约压力。区分不同类型的长期债务，可以进一步提高违约点的准确测算。

采用 KMV 方法计算出来的预期违约率主要是针对上市公司的。当科技银行的主要贷款对象为上市公司时，可以采用该方法进行违约率的估算；如果针对的非上市企业，可以按照同类参照法，寻找在资产规模、行业、财务状况等影响违约率的主要指标相近的上市企业，以其估计出违约率作为代理。

未来可探究更加准确的关于非上市中小型科创企业的违约率估算方法，主要思路是构造线性因子模型进行估计。

7.3　对科创型企业信用评估的若干建议

基于 KMV 模型可对科创企业的预期违约率进行实证估计。因此，可将模型的思想及估计结果纳入对科创企业的信用评估过程和风控的每个环节中，健全相关机制和环境。

7.3.1　信用风险评估的若干问题值得进一步探讨

使用 KMV 模型对科创型企业进行信用风险的评估和事前预防，应关注以下问题：（1）违约点的处理。这在违约距离的计算过程中起着重要作用，但 KMV 模型中违约点的估计方法是否适用于我国科创企业，上市和非上市企业的处理是否应有所不同，都值得后续进一步研究。（2）对非上市企业资产价值波动率的测算。不少学者尝试对 KMV 模型进行了修正和校准，以便于适用于非上市企业，但这些方法似未得到业界的广泛认可，测算方法值得进一步探讨。（3）对模型估计结果的检验。目前尚无对 KMV 模型估计结果通行的检验方法，大多是采用统计检验法，开发出有效且操作性强的检验方法也值得进一步探讨。

7.3.2 改进对科创企业的信用风险的评估

信息不对称造成的信贷配给和道德风险等问题导致科创企业融资难，也是导致发生信用风险的重要原因。为减少信息不对称，应使科创企业的相关信用信息能被有效共享，企业数据的真实性和完整性是 KMV 模型结果准确与否的关键。

完善信用评估指标体系。由于科创企业独有的特征，在构建信用风险评价指标时，要适当降低财务指标、资产数量等定量指标的比重，适当提高体现研发能力、发展前景等要素的定性评估指标的比重。在使用 KMV 模型时，也可以将这些指标加入对资产价值的衡量中，使之更适合对科创企业违约的估计。

多维度拓宽 KMV 模型的信用风险评估。对于同一家企业，可搜集其连续多年的数据来进行 KMV 模型估计，这样更能看出这家企业的信用风险动态的趋势变化特征；对于某一行业的多家企业，将它们的违约情况进行横截面对比，不仅清楚地知道企业在该行业的情况，也可评价企业在该行业的发展势头；对于未上市企业，除了可参考类似的上市企业，也可以参考供应链上的其他企业。

7.3.3 优化对科创企业的信用风险管理

金融机构要优化使用 KMV 模型的方法，可通过模型结果对企业进行贷后的信用风险追踪，建立合理的风险预警机制。科技银行可基于模型的估计结果，在投资过程中体现出"奖优惩劣"和激励约束机制。对预期违约较高的企业加收较高利率，减少甚至拒绝投资。上级业务归口部分可参考 KMV 模型的估计结果用于贷款审批，对于预期违约概率较高的企业，审批部门可以减少甚至取消下级单位对企业贷款的发放。

第 8 章

国外代表性科技银行业务和产品的案例分析

——以硅谷银行为例

8.1 硅谷银行的业务及产品定位

硅谷银行（Silicon Valley Bank，SVB）于 1983 年在美国成立，截至 2018 年第一季度末，其总资产已达 535 亿美元，隶属于硅谷银行金融集团，是一家国际性金融服务控股公司。自成立之初，硅谷银行致力于为高科技、生命科学、创投以及高端葡萄酒等高新行业和企业提供所需的金融服务。并助力了包括 Facebook、Twitter 在内的一大批知名企业的成长。多年来，硅谷银行所开创的科创企业融资模式不断丰富发展，成为世界其他科技银行或相应科技金融业务所广为借鉴的成功案例（Hardymon，Felda and Leamon，Ann，2000；朱心坤，2011；中国人民银行泰州市中心支行课题组，2011；杨芮，2016；中国工商银行天津河北支行课题组，2017；王力、郭哲宇，2018）。

硅谷银行金融集团主要为科创企业和创投基金提供金融服务。从整体上来看，硅谷银行金融集团旗下设立了一系列子公司，以满足不同针对客户的融资和监管需求。其组成结构见图 8 - 1。

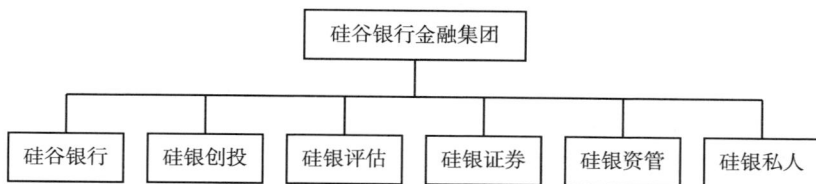

图 8 - 1 硅谷银行金融集团下属公司

在具体业务定位方面，硅谷银行主要向处于各种发展阶段的科创企业提供信贷服务，同时也为创投基金提供银行服务，收入占整个集团的70%；硅银创投公司当前管理的资金约10亿美元，包括母基金（投资入股其他创投基金）、共同投资基金（与其他创投基金进行联合投资和跟进投资）和债权基金等；硅银评估公司提供股权价值评估和股权管理服务；硅银证券公司提供证券经纪和交易服务；硅银资产管理公司提供投资顾问服务；硅银私人客户服务公司则为创业者、投资人和高管人员提供私人银行服务。

在战略定位方面，硅谷银行明确重点支持的行业，将大量资金集中于对科创企业的支持；特别是进入1990年后，将已有创投进入但尚未上市的科创企业作为重点客户。此后为应对同业的激烈竞争，硅谷银行又进一步明确了客户的目标定位，在高科技行业中集中支持新创立的、发展速度较快、被银行同业认为风险较大的科创企业，其中又是有选择地支持信息技术、生命科学等领域的科创企业，该类企业在前期研发阶段需要大量融资支持，却一时难以盈利，也缺乏有效的抵质押物，无法满足商业银行传统的信贷要求，见图8-2。

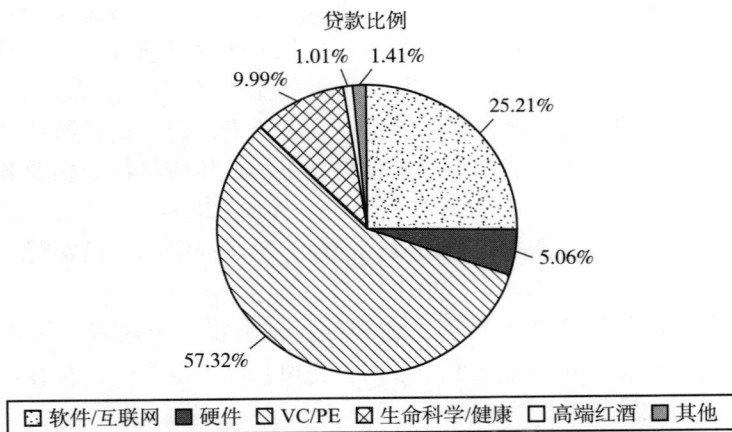

图 8-2　硅谷银行贷款的行业分布

资料来源：硅谷银行2018年年报。

硅谷银行通过其风险评估和管理机制，实现了收益与风险的匹配，引导资金流向潜力企业，在提高资本投资效率的同时，有效助力科创企业的发展，为经济可持续性发展和产业结构优化升级提供动力。

硅谷银行是长期集中定位和深耕特定行业的科创企业，可很好地理解企业特点和市场价值，有效解决了信息不对称问题，并更好地提供了金融产品和服务。

8.2　硅谷银行科技金融的产品设计及特征

20 世纪 90 年代初，美国加州硅谷高科技产业迎来新一轮的兴起，科创企业的融资需求进一步加大。此时，硅谷银行推出了"高收益股权投资和低风险债权投资为组合"的融资模式，即"投贷联动"业务发展模式。此后，硅谷银行积极探索投贷联动业务模式的创新，从一家传统的商业银行逐渐转型为科技银行。

投贷联动是以"股权＋债权"的方式，为创投企业开展融资业务。科技银行向目标企业提供贷款融资，同时通过设立具有投资功能的子公司或者与外部创投机构合作等方式，对企业进行股权投资。在该模式下，股权融资的高收益可有效覆盖科技型企业未来发展较高的风险，同时银行可通过投资机构，间接参与股权投资，提高资金的使用效率，覆盖信贷风险；从企业角度来说，股权融资有效降低了企业的财务杠杆，减少了到期还本付息的流动性压力，较低的资产负债率也有助于增加企业未来从银行贷款的能力。

硅谷银行的目标客户群体为潜在发展水平较高的高新技术企业，该类企业具有轻资产、重成长等特征，且在企业发展前段需要大量的研发投入。这些特征使得该类科创企业难以满足一般商业银行的贷款财务要求，但其高成长性又会为授信银行带来可观的投资收益。硅谷银行在此背景下，对原有的金融业务和产品进行创新，开辟了商业银行间接进行股权投资的新渠道。

8.2.1　硅谷银行的业务和产品

投贷联动合理对接了投资的收益与风险，有效解决了科技型中小企业"融资难、融资贵"的问题。同时，硅谷银行利用其资源优势和创新的风险评估模式，有效降低了投资风险。其主要发展模式和产品设计包括以下几个方面。

8.2.1.1　与创投基金建立紧密合作关系

硅谷银行金融集团开创和发展出了与创投机构结成战略联盟的合作模式。硅谷银行金融集团与 500 多家创投机构建立了全面合作关系：一是硅谷银行向创投机构提供开户和基金托管等金融服务；二是直接投资入股或贷款给创投机构，已投资入股 400 余家创投机构，向各家创投机构提供贷款，金融一般为 1000 万～4000 万美元；三是向已获得创投基金的科创企业提供融资服务。硅银创投公司也进行直接股权投资，金额一般为 100 万～400 万美元。

8.2.1.2　分阶段、分行业为创业企业提供融资服务

硅谷银行将科创企业分为三个阶段，并分别成立独立的业务小组，为它们提供不同的金融服务，见图 8-3。

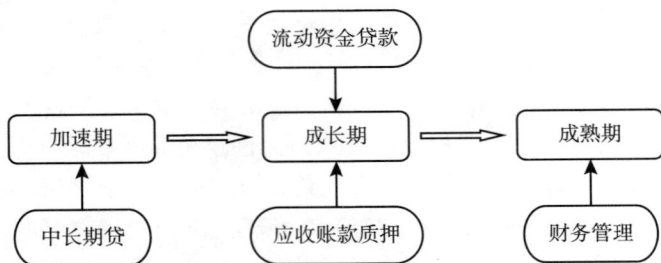

图 8-3　硅谷银行向不同阶段公司提供的支持

（1）加速期阶段。此时企业处于初创期或早期发展阶段，产品尚在研发过程中，销售规模很小或者无销售收入。硅谷银行主要提供中长期创业贷款，与企业吸引的创投资金进行配置，以支持企业完成产品的研发并实现对外销售。

（2）成长期阶段。此时企业产品已经进入市场，销售收入日益增长，规模在 500 万~7500 万美元之间。硅谷银行主要提供流动资金贷款，一般采用应收账款质押等供应链融资产品。

（3）成熟期阶段。此时企业的销售规模已经超过 7500 万美元。硅谷银行主要提供现金管理和财务管理解决方案。

8.2.1.3　为科创企业提供持续的多元化增值服务

硅谷银行金融集团也为科创企业持续提供多元化的增值服务，全方面协助企业取得创业成功，形成企业、创投机构和科技银行多赢的局面。硅谷银行下设企业创业平台，主要为初创企业提供各种服务，重点放在与创业者直接对接，给予他们独特的银行体验和服务，并通过多种形式培训企业的 CEO，提升其管理能力，也向企业引荐投资者，协助完成股权融资。在其他发展阶段，也为科创企业提供多方面的增值服务，例如，介绍业务合作伙伴，物色技术和管理人才，协助开拓市场，推进国际化等。企业创业平台取得了良好的效果，受到了较好评价。

8.2.2　硅谷银行的业务特征

硅谷银行的科技金融业务有以下特征。

8.2.2.1　投资专业化，客户定位精准

硅谷银行在选择客户定位方面，主要集中于高新技术产业和创新型服务行业，例如，高科技、生命科学、创投以及高端葡萄酒等，极少涉及不熟悉的高利润行业，从而保障了其投资的专业化程度，降低了进入其他行业所必然发生的信息成本。在对特定企业服务的过程中，硅谷银行积累了大量信息资源和管理经验，对于日后的投资活动具有重要的借鉴意义。在投资工具的选择上，硅谷银行较少使用结构过于复杂的衍生工具，也较少依赖抵押品交易获得盈利，从而降低了科创企业的筹资门槛，同时也侧面反映出其较高的风险控制能力。

硅谷银行将债权融资的目标企业定位于处于初创期或扩张阶段的中小企业，待企业进入成熟期后，将通过合理的方式退出，如上市后股权出售转让。为进一步提高其机构投资的专业化水平，硅谷银行只服务于企业客户，不涉及零售业务，将大量人才和资源集中于机构服务与高科技行业的研究中，并发展与外部创投机构的战略合作关系，形成一套独有的专业化投资体系。

8.2.2.2　融资模式创新

科创企业具有较大的发展前景，但由于其技术、产品、服务模式等方面具有较大的创新特点，难以通过现有的行业对其进行合理预测和风险评估；此外，该类企业大多处于研发阶段，现阶段盈利能力有限，未来的现金流入难以预测，在传统贷款模式下很难满足银行对于企业稳定经营能力的要求；且缺乏可供抵押的有效固定资产，进一步增加了企业的融资困难；若单纯通过创投机构进行融资，创投机构缺乏相应的信息资源和有效的风险管理能力，且其能募集的资金远达不到众多科创企业的需求。种种原因制约了高新企业的长足发展。

为此，硅谷银行针对高科技的发展特点开创了创新型融资模式。在企业发展阶段方面，硅谷银行选择初创期的企业进行投资。企业处在萌芽期时，其日后发展模式和产品设计等尚未成熟，难以有效进行风险控制和收益预测，银行资金难以承受巨大的风险；而成熟期的企业由于其盈利模式已成规模，其融资方式多样化，可以通过内部融资或自行发售股权债权等方式筹集资金，此时银行介入，不仅贷款收益较低，而且资金的使用效率大打折扣，无法流向亟需资金且融资困难的小微企业。初创期的企业的发展模式已有雏形，具有可预见的发展潜力，在确

保风险管理的前提下，能够为银行带来较大的收益。

　　硅谷银行一般在创投机构首轮或第二轮投资时开始对企业进行研究，并在企业初创期或成长期进行授信，利用"股权＋债权"的投贷联动模式对目标企业进行资金支持。为弥补投资风险，硅谷银行一般会选择在普通贷款利率的基础上上浮2%~3%向目标企业提供贷款。此外，硅谷银行常通过其子公司——硅银创投，以两种方式提供股权融资：一是以创投资金的参股比例为上限直接参股；二是通过创投机构间接向客户提供股权融资。

　　在实施投贷联动融资模式的过程中，为应对科创企业未来发展的风险，硅谷银行在提供贷款的同时通常会持有少量企业认股权证。当目标公司成功上市或其股票价值在二级市场上显著增加时，行使转股权将会给硅谷银行带来额外收益。

8.2.2.3　构建和完善风险管理机制

　　长期以来，硅谷银行在为科创企业提供资金支持的同时，仍保持较低的坏账率，原因在于硅谷银行采用多种方式控制信贷风险。首先，硅谷银行通过组建专业的团队，对不同阶段、不同行业的公司进行综合风险评估，并制定相应的风控措施。其次，基于数十年的业务经验和数据，构建和完善了自己的信用风险评估模型。例如，针对初创期企业贷款偿还能力较低、风险较大的情况，相对减少其在银行贷款规模中的比例来控制风险。同时，针对初创期企业短期盈利水平较低的问题，硅谷银行主要关注其未来预期现金流而非盈利指标，将未来预期现金流作为评价企业还款能力的指标。根据企业在不同发展阶段的市场认可度和不同风险的变化，硅谷银行相继进行追加信贷、选择权贷款、股权投资基金等方式进行投资跟进，以在特定阶段的风险收益能力作为依据，通过有效的风险防控，实现自身收益的最大化。在筛选目标企业的过程中，硅谷银行只向接受过相关创投机构投资的科创企业提供贷款，并通过创投基金间接监控资金用途，从而提高了信息透明度。并且，在长年累月的企业投资中，硅谷银行培养了一大批优秀的高新技术专业人才，为银行评估投资风险、确定风险溢价、合理估计企业的未来现金流和市场预期提供了人才和专业保障。同时为了严控风险，通常来说，在签订贷款合同时，硅谷银行会要求企业在破产清算时，将硅谷银行的贷款作为债权人清偿的第一顺序，较大限度地减轻了银行所承担的风险。

8.3　硅谷银行科技金融产品的定价

　　硅谷银行在向处于中早期发展阶段的科创企业发放贷款时，收取的利率要高于一般贷款；同时与企业达成协议，获得部分认股权或期权（一般为企业总股本的 1% ~2% ），由硅谷银行金融集团持有，在企业上市或被并购时行权。对于非常看好的科创企业，也会安排硅银创投公司进行小规模的股权投资，一般每家企业的投资金额为 100 万 ~400 万美元，以便在企业成功创业、实现上市或被并购时获取较高的回报以补偿风险，见图 8 - 4。

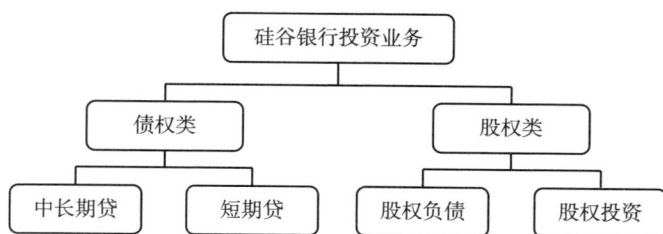

图 8 - 4　硅谷银行投资业务组成

硅谷银行的贷款定价思路见图 8 - 5。贷款价格是在基本贷款利率的基础上，加成客户贡献，并根据市场因素进行相应调整。其中，基本贷款利率由资金成本、经营成本、风险成本、预期收益等部分构成。风险成本是指贷款违约所带来的损失，可通过 KMV 模型等内部评级法等先进技术的运用，测算贷款的违约概率、违约损失率和风险敞口以量化预期损失（即风险成本），以确定合理的风险补偿。科技银行转型为主动经营风险，并较好地满足了科创企业融资需求。预期收益可根据既定的最低资本回报率和贷款的资本金支持率等确定。

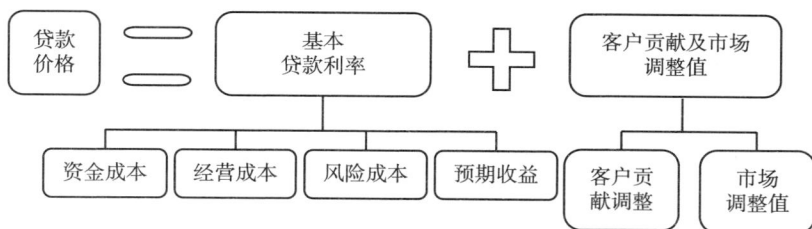

图 8 - 5　硅谷银行的贷款定价思路

客户贡献是基于客户对科技银行的存款、贷款以及中间业务等的贡献，是对基本贷款利率的调整。在对成本、风险、收益和客户都有所考虑后，还应该考虑市场和竞争者，因此，贷款价格还应加上市场调整值以确保贷款定价的市场竞争力，市场调整值是在对市场利率和同业报价进行分析后得出的（可能为正或负）。

硅谷银行中间业务的费用主要包括贷款安排费、优先服务费、成功费、贷款重组费、提前还款费、豁免费、金融咨询服务费、银团贷款费（若有）、处理单据费。具体收费标准见表 8 – 1。

表 8 – 1 硅谷银行中间业务费用

费用名称	服务项目	收费标准
贷款安排费	银行基于为借款人提供贷款安排收取的费用	最高不超过贷款额度的 5%，借款人签订借款合同时支付，或作为保证金支付（若借款人决定不签合同，保证金将不予退还）；贷款额度低于 150000 美元或为小微企业的，免收优先服务费
优先服务费	借款人要求比平均时间更快地获得贷款额度	最高不超过贷款额度的 3%，借款人签订借款合同时支付，或作为保证金支付（若借款人决定不签合同，保证金将不予退还）；贷款额度低于 150000 美元或为小微企业的，免收优先服务费
成功费	贷款被用于提高借款人资金流动性或缩小融资缺口，从而使借款人成功达到重大里程碑时收取的一次性费用；重大里程碑包括首次公开上市、被收购、完成下一轮融资、收入或盈利的重大突破	最高不超过贷款余额的 10%，或通过与客户协商确定某一固定金额；如果借款人未能按照预计时间达到重大里程碑，将按每周/月/季度延迟为基础增加费用
贷款重组费	借款人违反财务限制条款，若银行认为在此时维持借贷关系仍为适宜举措（如借款人仍有稳固的投资者支持），便会考虑重设财务限制条款或重组贷款结构；此时，需收取贷款重组费	最高不超过贷款额度的 2%，或通过与客户协商确定一个固定金额
提前还款费	当借款人提前归还长期贷款（超过 1 年）时，银行可向其收取资金安排的补偿费用	若剩余本金在 1 年内到期，最高不超过终止时未偿还贷款余额的 5%；若在 1~2 年内到期，最高不超过 3%；若超过 2 年到期，最高不超过 2%
豁免费	借款人违反财务限制条款，银行认为可以接受借款人一次违约而向贷款人收取的补偿费用	最高不超过贷款额度的 2%，或通过与客户协商确定一个固定金额
金融咨询服务费	为客户提供金融咨询服务以使客户通过负债或权益获得新融资、建立战略合作关系和明确收购目标；咨询服务还包括商业建议、主办可为创新企业带来实际利益的商品展示或会议	通过与客户协商确定
银团贷款费	作为银团贷款的参与行向借款人收取的费用	银团贷款牵头行确定
处理单据费	银行对单据进行审核和处理	最高不超过单据金额的 0.05%，最低 100 美元

可以看到，硅谷银行在科技银行相关业务中不断总结可能发生的交易流程，并针对不同客户群体和业务分类进行科学定价。中间业务的费用收入不仅可以提高收益，使科技金融业务的发展更专业化、精细化，而且能够有效补偿贷款的违约风险。

8.4　硅谷银行科技金融产品的风险度量与控制

从主要授信对象的经营和财务特点的角度来说，初创期高新技术企业的信贷风险较高，但自 2016 年，硅谷银行的累计收益相比美国一系列重要指数显著较高，说明其不良贷款率保持在非常低的水平（见图 8 - 6）。硅谷银行能够在严格风险把控的基础上，尽可能地创造了更多的投资收益，这主要得益于硅谷银行严格的信贷审批程序、创投思维培养和经验累积。

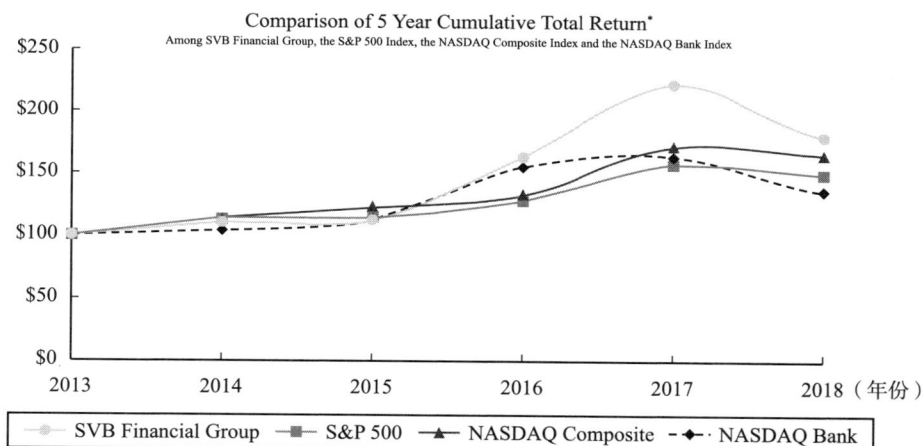

图 8 - 6　硅谷银行五年累计总收益与重要指数对比

资料来源：硅谷银行 2018 年年报。

8.4.1　专营积累丰富的行业经验

硅谷银行长期专营于信息科技、生命科学和清洁能源等高科技领域，以及高档葡萄酒等特定的传统行业。在开展科技金融业务的过程中，需要众多专业人才，硅谷银行建立了分阶段和分行业的专家团队，积累了丰富的行业经验。团队熟悉企业所在市场，可以较为准确地判断企业前景，并有效地甄别和度量风险。

8.4.2　严格的审核原则和程序

硅谷银行按照合理的风险度量和预期收益原则，根据以下原则筛选富有成长潜力的企业：（1）发展方向明确，定位合理；（2）产品或服务具有价值和发展前景，理念符合经济发展趋势；（3）管理架构合理有效；（4）管理层有良好的背景或经验；（5）发展计划及财务预算合理；（6）财务报表及会计系统齐全。

在筛选目标企业的过程中，硅谷银行更关注企业未来成长的潜在价值而非机械化的简单财务报表评估，因此，有时会与在未来两年甚至更长时间都可能没有收入的企业合作。在此背景下，硅谷银行对发放贷款有着严格的审核程序，专业团队会通过多种途径作周详的尽职调查。具体调查方式如下：首先，考察创始人和管理层团队的背景和历史记录；其次，与企业的利益相关者如创投机构交流；最后，与企业的财务公司、法律顾问和该领域的专家沟通，通过多样化的方式全面了解企业的经营管理和市场前景，减少银行与企业间的信息不对称，从而准确识别和度量发放贷款所面临的风险。

8.4.3　以抵押担保来评估风险

抵押方面，硅谷银行通过定量方法判断企业固定资产的抵押价值，定性方法判断企业无形资产的抵押价值和风险。

担保方面，硅谷银行主要借助美国现有的外部担保机构对科技型中小企业作出风险评估。美国现已形成了三套自上而下的中小企业信用担保体系：一是小企业管理局（SBA）直接操作的全国性中小企业信用担保体系，覆盖范围最广，认可度最高，作用最大；二是地方政府操作的区域性专业担保体系；三是社区担保体系。参考上述担保体系，硅谷银行根据企业是否获得担保贷款和获得的金额，评估贷款所承担的风险，大大减少了坏账损失率。

8.4.4　借助创投机构间接评估风险

在金融混业经营趋势不断加强的大背景下，硅谷银行作为商业银行，日益突出其投资银行的诸多特点和业务，这也为其开展"投贷联动"等科技金融业务模式提供了前提。虽然集团内部投行业务已经划归硅银创投，但硅谷银行仍与外部创投机构保持密切合作。

硅谷银行向科技创业企业提供贷款时，与创投机构采取"先投后贷"的合作模式，通过创投机构对企业风险的识别，间接地评估对该企业进行授信的违约风险。在特定业务领域，目标企业被要求必须有创投机构的背书，并且更加看好有多个创投支持，或有过数轮创投资金介入的企业。创投机构因其业务特点以及对于中小微企业丰富的投资经验，在项目选择和客户还款、回报能力识别上具有非常强的可信度，所选企业和项目一般都具有较好的管理团队、商业模式和发展前景，信用风险较低。同时，创投机构的介入可以带来更多的资金支持和创业经验。

8.4.5 投资组合的风险分散

在投资策略方面，硅谷银行通过投资组合的方式合理规避非系统性风险。分散策略主要体现在以下四个方面：（1）对不同行业的项目进行组合投资，例如，在对科技创业企业放贷的同时，配比高档葡萄酒和成熟期科创企业的贷款，降低资产组合的风险；（2）对不同阶段的项目进行组合投资，例如，把科创企业早期贷款项目的资金比例控制在 7% 左右；（3）对不同风险程度的项目进行组合投资，例如，把风险较高的创业企业贷款与传统银行借贷相结合；（4）对不同区域空间的项目进行组合投资，从而分散贷款，降低非系统性风险。

以信息技术、硬件、生命科学和健康领域为例，这三个领域是硅谷银行贷款的主要发放对象，截至 2018 年，总计发放商业贷款 99 亿美元，占贷款总额的 40.26%①。

8.4.6 开发信用风险评级模型

硅谷银行以多年的历史数据为基础，开发和持续改进信贷风险评级模型，据此对资产组合进行调整。例如，针对企业成长初期投资风险较高的情况，硅谷银行有针对性地减少贷款比例和金额，以降低银行所承受的风险。

8.5 硅谷银行科技金融业务对我国的启示

总的来说，硅谷银行的科技金融业务具有产品结构复杂化、交易机制多样化、交易费用明细化、风控手段科学化等特点。并且在长期的投资活动中，与集团内部与外部的投资机构多有业务往来，培养了其在私募股权方面的收益预测和

---

① 资料来源：硅谷银行 2018 年年报。

风险度量能力。综合上述对硅谷银行产品设计、定价和风险防范的分析，可以看出，硅谷银行在企业的选择、产品设计和定价机制等方面，相较于一般传统的商业银行针对中小企业贷款来说更为激进，也更具长期股权投资的性质。

从客观情况来看，我国科创企业有着庞大的融资缺口，硅谷银行典型的科技金融业务模式对我国在该领域的融资有着重要的启示意义。虽然就我国金融市场的发展程度以及传统商业银行的风险防范意识来说，很难像硅谷银行那样采取风险承担要求较高的投资模式，但硅谷银行业务中的精细化管理以及成熟的联动业务体系，确实值得我国科技支行和以浦发硅谷银行为代表的新兴专业化科技银行学习和借鉴。在实际操作中，硅谷银行成功开展的"投贷联动"业务模式已为我国广大科技支行和区域性银行所借鉴，并结合我国科创企业融资问题和区域性高新产业园区的建设，开发出"投联贷""投贷通"等相似产品为特定高科技产业园区的企业提供融资，从金融的角度为我国制造业转型提供了动力。

由于我国相关法律及规定对商业银行的股权投资行为有着明文限制，2016年落地并实施的"投贷联动试点"对银行在该领域的投资活动适当放宽，鼓励银行从企业长期成长的角度综合评估潜在的风险和收益，对有巨大发展潜力的公司采取多元化的长期投资，以此提高资源配置效率。

下文将对我国具有代表性的科技银行业务和相关产品设计继续进行研究，通过宏观与微观相结合的视角对我国科技金融业务进行深入分析。

第9章

国内代表性科技银行业务和
产品的案例分析

9.1 国内科技银行的业务发展状况

在 2016 年的"投贷联动试点"和相应政策性文件落地以前，我国商业银行尤其是各地城商行已经着眼于为本地的科创企业及高新技术产业园区提供相应的融资。自 20 世纪末以来，我国科技银行及相似的业务不断兴起，北京银行、汉口银行、杭州银行、浦发硅谷银行、中关村银行等已相继形成自己的业务体系和授信思路。本章将主要对北京银行、中关村银行、汉口银行、杭州银行等代表性科技金融机构的科技金融业务和产品进行综合介绍和梳理（付剑峰、邓天佐，2014）。

9.1.1 北京银行科技金融业务定位

北京银行成立于 1996 年 1 月，自成立之初，北京银行始终坚持"服务地方经济，服务中小企业，服务市民百姓"的鲜明市场定位，将科技金融纳入中长期发展规划，早在 2000 年就成立了以中关村科技园区命名的管理部；2011 年，中关村分行在中关村示范区设立，成为中关村首家分行级特色银行机构；2015 年，北京银行在中关村创业大街设立小微支行。目前，北京银行已形成以"小巨人"品牌为核心，塑造出文化金融、科技金融、绿色金融、三农金融等特色品牌。截至 2018 年底，北京银行的小微企业人民币公司贷款余额超过 4600 亿元，较年初增加近 800 亿元，增速 21%，高于全行贷款平均增速。文化金融、科技金融贷款余额分别超过 700 亿元和 1400 亿元，三年内平均增幅近 30%，在全行中占比持续提升①。

---

① 新华网. 2018 年末小微企业贷款余额逾 4600 亿［EB/OL］.（2019 - 2 - 28）［2019 - 3 - 26］. http：//www.xinhuanet.com/fortune/2019 - 02/28/c_1210069906.htm.

从业务特点来看，北京银行较早就开展了科技金融业务，从原本的简单中小企业贷款，逐渐引入投贷联动的概念，并从单一的外部投贷联动，向选择权贷款、股权投资基金等更为复杂的融资结构进行转变。2016 年，北京银行被正式列入投贷联动试点银行，目前正积极筹备投资子公司的建设，落实内部投贷联动体系和业务，见表 9 – 1。

表 9 – 1 　　　　　　　　　北京银行"前沿科技贷"产品特色

专注前沿技术	贷款对象主要集中在人工智能、医疗健康、高端芯片等高精尖产业领域具有原始创新、关键核心技术的企业
主动授信支持	根据多元化标准制定白名单，提前给予名单内企业预授信额度，由被动授信转变为主动授信
创新评价标准	以企业的核心技术价值代替传统的收入、利润等财务指标
期限灵活	授信期最长达 3 年，满足企业前期研发周期的需要
信用方式融资	与前沿科创企业智力资本高、轻资产的特点相匹配

在北京银行的业务拓展中已逐步向贷款企业的个性化需求靠拢，开发出如"前沿科技贷"等特色信贷产品，并通过成立"小巨人创客中心"、科技金融创新中心等计划，形成企业孵化器，为其提供专业化的融资支持（阳晓霞，2018）。

9.1.2　中关村银行科技金融业务定位

中关村银行于 2016 年 12 月 19 日正式成立，其成立的宗旨是服务"三创"（创客、创投、创新型企业），可见其创立的目的是效仿美国硅谷银行的运营模式，从投贷联动、优化资源配置的角度，以中关村高新产业园区为起点，为我国科技型中小企业提供资金支持。中关村银行的核心定位是创投银行（GP Bank），其核心业务也围绕这一点展开，利用投贷联动的业务创新，致力培育出下一个"独角兽"企业。

中关村银行成立不久，业务成熟程度与北京银行、汉口银行、杭州银行等在该领域先驱性的银行尚有一定距离，但在成立之初，就将金融科技的大数据分析带入投融资服务中，通过"创新创业生态"和"行业生态"两大平台，连接优秀的天使投资和创投机构、优秀的孵化器和加速器、大企业的双创平台三大客户群体。从批量客户、线上与线下相结合的角度来说，中关村银行在我国已属于领先地位。

9.1.3　汉口银行科技金融业务及产品定位

汉口银行成立于 1997 年，总部设于武汉。汉口银行自成立以来，始终以繁荣经济为宗旨，以服务市民为己任，积极支持中小企业，尤其是科技型中小企业的融资发展。从其业务定位来看，主要对标武汉的东湖高新产业园区；从业务思路来看，汉口银行已从传统的专注过去的财务指标，转向关注企业未来的成长空间。

汉口银行的业务特点在于，它的科技银行业务主要通过特色支行进行外围辐射。2009 年，汉口银行成立了湖北省第一家专业型科技支行——光谷支行，专职从事科技型企业的融资贷款，并以该支行为起点，从事创新型科技贷款业务。2011 年，光谷支行在光谷开设科技金融服务中心，直接服务于武汉东湖创新园区。凭借相应的政策优惠和资源优势，在周围地区开设了分支机构。为深化业务结构创新和产品的个性化转变，光谷支行升级为光谷分行，更加系统化、全面化地解决周围地区科技型企业的融资缺口。

在具体产品方面，针对科技型中小企业的融资特点，汉口银行开发"投融通"产品，其特点在于在原本传统的融资抵押资产的基础上，涵盖嵌入式的融资产品，包括债务融资工具、三板通、租融通等个性化产品。

9.2　国内主要科技银行投贷联动业务模式的比较分析

近些年来，一大批创新型中小企业在"大众创业、万众创新"的政策驱动下快速涌现，但是由于在初创阶段的种种特征，使得其依靠传统的银行信贷业务无法满足融资需求。于是，"投贷联动"模式应运而生。投贷联动是指银行业金融机构以"信贷投放"与（本集团设立的具有投资功能的子公司的）"股权投资"相结合的方式，通过相关制度安排，由投资收益抵补信贷风险，实现科创企业信贷风险与收益的匹配，为科创企业提供持续资金支持的融资模式。

2016 年 4 月 20 日，银监会、科技部、人民银行联合印发了《关于支持银行业金融机构加大创新力度　开展科创企业投贷联动试点的指导意见》（以下简称《指导意见》）。探索建立符合我国科创企业特点的金融服务模式，是一项适应国家创新驱动发展战略需要的金融制度改革和创新。确定了第一批 5 个投贷联动试点示范区和 10 家投贷联动试点银行，涵盖政策性银行、国有大型商业银行、股份制商业银行、民营银行、外资银行、城商行等多种类型。

投贷联动主要是指商业银行与股权投资机构或创投机构进行合作，商业银行在投资机构已对科创企业进行评估和投资的基础上进一步投资，通常采用的是股权与债权相结合的模式，在一定程度上解决了商业银行传统的贷款模式其存在的风险收益错配问题。投贷联动既考虑了科创企业的发展特征和融资需求，保证企业发展不同生命周期内的资金持续供给，同时又充分发挥银行业金融机构在客户资源、资金资源方面的优势，通过构建风险收益相匹配的体制机制，有效增加科创企业的金融供给。

在目前银行通常采用的投贷联动业务模式中，根据商业银行是否承担投资科创企业的风险来获取高额收益，可以将投贷联动模式分为内部投贷联动和外部投贷联动。

9.2.1 内部投贷联动

内部投贷联动指的是商业银行通过设立子公司的方式，参与对科创企业的股权投资和债权投资，获得股权增值收益和债权的利息收益（交易结构见图 9－1）。我国现行《商业银行法》明确规定，商业银行在中国境内不得向非银行金融机构和企业投资。因此，现阶段，除国家开发银行可通过子公司开展投贷联动业务外，现有商业银行的股权类投资机构多数在境外设立，境外设立的股权投资机构向其推荐优质客户并开展股权投资，根据客户不同的发展阶段，提供相应的贷款和其他服务产品支持。这种模式的优点在于银行母公司与投资功能子公司在集团内部的沟通成本低，提高了决策效率，可获得协同效应。但与此同时，设立投资功能子公司也存在一定的"混同"风险，因此，《指导意见》明确规定，银行母公司应与投资功能子公司之间建立严格的隔离墙机制。一方面，双方之间需要进行资金隔离，投资功能子公司须以自有资金进行投资；另一方面，双方分别独立地

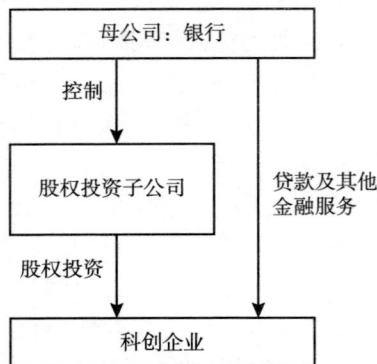

图 9－1　银行内部子公司投贷联动模式

进行贷款决策与投资决策，投资功能子公司的投资不以银行母公司的贷款为必要条件，反之亦然；且投资功能子公司对科创企业的股权投资应当与其他投资业务隔离，从而从源头把控风险。此外，如何建立明确的风险分担机制，将成为未来此种模式亟须解决的重点问题。

9.2.2 外部投贷联动

9.2.2.1 "银行 + VC/PE"模式

以北京银行为例，北京银行与联想之星、国科嘉和等 PE/VC 机构合作推出了认股权、双创债、并购基金等股债结合融资模式。其中，北京银行按 PE/VC 机构投资规模的一定比例授信，而投资机构对科创企业进行股权投资，北京银行可在股权投资机构退出时获得的收益中分得一部分，交易结构见图 9 - 2。

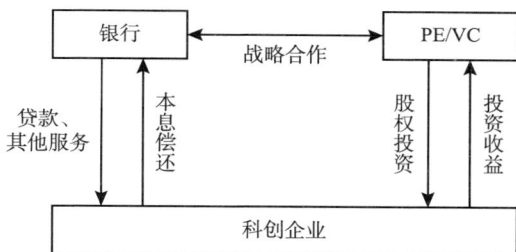

图 9 - 2 "银行 + PE/VC"投贷联动模式

在这种模式下，银行可以充分利用投资机构对于科创企业所在行业的了解和投资经验以及对被投企业的尽职调查情况来对科创企业进行进一步的偿债能力分析，从而作出科学的贷款决策。杭州银行的银投连贷业务也属于此种合作模式，且其拥有两种不同的模式，分别为投前贷后模式和贷前投后模式，交易结构见表 9 - 2。

表 9 - 2　　　　　　　　　　　杭州银行银投连贷业务模式

投前贷后模式	投资机构先进行投资，杭州银行后跟进贷款，授信金额不超过投资机构投资额度的100%
贷前投后模式	杭州银行先进行贷款，投资机构后进行投资，且该笔投资款首先用于偿还银行借款，授信金额不超过投资机构投资额度的50%，投资机构必须已与授信申请人签订了正式投资合同

在这两种模式下，杭州银行介入对科创企业的投资时点不同会使得授信金额产生高达投资额度 50% 的差异，尤其是贷前投后模式对于投资机构的投资款项的使用限制说明银行相比于投资机构而言风险承受能力较低。

9.2.2.2 认股权贷款模式

认股权贷款的模式实质上是一种"贷款 + 远期权益"的模式。科技银行在对企业发放贷款的同时，由银行指定第三方为代持机构，与借款人及其股东签订协议来获取企业股权或认股权利，并可在未来与该第三方机构共同获得股权带来的溢价收益，交易结构见图 9 - 3。

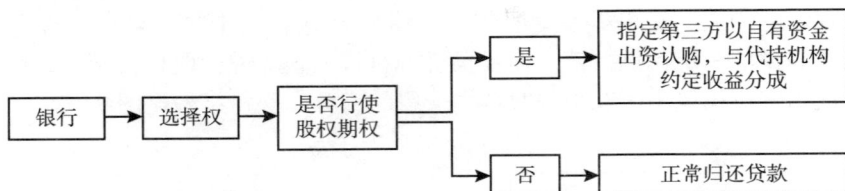

图 9 - 3 银行认股权贷款模式

根据北京银行 2015 年发布的《北京银行认股权贷款业务营销操作指引（试行）》，北京银行的认股权贷款采用的是一种期权的模式。在初期商定方案时，由合作第三方约定股权投资行权的时间、价格等条件，未来再根据企业的发展情况决定是否行权后退出，是否转让所持有的企业期权，或股东为避免股权稀释而回购期权。在此过程中，北京银行除收取贷款利息外，还可在第三方退出持有股权后，由第三方机构返还增值收益。目前，北京银行累计发放 302 户认股权贷款，信贷投放超 52.75 亿元。北京银行的认股权贷款产品的交易要素见表 9 - 3。

表 9 - 3　　　　　　　　　　北京银行认股权贷款产品要素

贷款方案	根据企业日常经营、研发投入等需求合理测算其资金需求，并可适当采取股权质押、知识产权质押、应收账款质押、信用及实控人无限连带责任担保等多种方式设计融资方案；可给予企业适当优惠，其余收益通过认股权方式获得；贷款期限应根据企业实际经营需求确定，不得超过 3 年且无须与行权期限匹配，超过 1 年期的须制定分期还款计划
期权份额	根据企业发展阶段、估值水平以及融资金额和承担风险程度与企业股东进行协商，参考贷款金额占当期企业估值的比例予以确定；一般情况下，期权份额可占股权的 1% ~ 5%，银行应坚持风险与收益相匹配原则，争取最大份额
行权价格	考虑企业未来经营过程中股权价格变动加大，行权价格以行权档期企业股权融资价格下浮一定比例进行确定，争取最大下浮比例

续表

行权期限	行权期限设定为"n＋2"年，n为贷款期限；若企业较为优质且较难接受长期认股权，可考虑在协议中约定最后行权期限设定为企业下次股权融资前；北京银行一般作为财务投资者，不过多参与企业管理
行权时间	在行权期限内的任意时间，但应在企业股份制改造前，或上市（挂牌）融资前
行权条件	可考虑与企业股东约定企业业绩增长目标，由第三方投资机构自行判断是否行权，或确定不行权时转让，或由企业股东回购期权的条件要求

资料来源：《2015年北京银行认股权贷款业务营销操作指引（试行）》。

在北京银行与其子公司北银丰业为北京赛佰特科技有限公司提供投贷联动方案中，北京银行在债权端以风险隔离方式为该公司提供500万元的纯信用授信；在股权端，北银丰业对企业估值的是1.8亿元，在2年行权期限内按照行权条件出资500万元，通过直投方式持有企业增资后的股份。该融资方案不仅缓解了企业的短期资金紧张问题，且以股权的形式为企业的长远发展提供了支持。

但是上述采用第三方代持的认股权贷款模式很容易出现风险，其一，"代持"很有可能转变成"真持"，出现法律上的风险；其二，如果第三方代持的认股权因被投企业经营失败而失去价值后，就会因代持机构要求银行进行回购，而在本质上转变为一种债务负担。

为此，汉口银行采用了与国内大部分科技银行不同的认股权贷款模式，其认股权并非采用第三方代持的方式，而是采取"锁定估值补差价"试点机制，即在作选择权贷款时，银行首先按照投资公司评估的估值获取其一定比例的认股权，并匹配其他相关资源；若公司估值发生变化，银行资金就在IPO之前存量兑现、打折退出，从而通过资本收益弥补信贷风险。

综合来看，采用认股权贷款的模式不仅可以使得科技银行通过贷款的形式为企业提供短期的融资需求，进而与企业建立较为持久的合作关系，提供更为全方位的金融服务，而且可以为被投企业引入战略投资者的长期稳定投资。这种"股＋债"的模式极大地扩展了科创企业的外部融资渠道，从而可以覆盖其短期和长期生命周期的融资需求。

9.2.2.3　与其他企业联合成立投资基金模式

这种模式下，科技银行与其他机构共同设立股权投资基金，作为有限合伙人（LP）持有基金的优先级份额，再凭借股权投资基金对外进行股权类投资，并对其中的优质客户提供贷款等服务（交易结构见图9－4）。

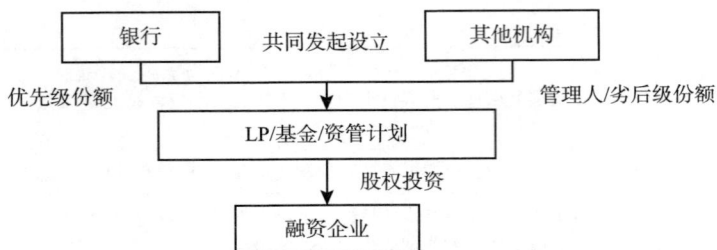

图9-4　科技银行与其他机构成立投资基金模式

2015年6月，中加基金管理有限公司、启迪科服投资管理（北京）有限公司、中国投资担保有限公司、北京中小企业信用再担保公司共同签署"投贷保联动合作协议"，发起设立"珠海启迪北银中投保投资基金"（有限合伙），总金额为5000万元。北京银行为基金推荐科创企业，为基金决策提供参考，各方可发挥其在债权融资、股权投资、融资担保方面的优势。

在银行与外部投资机构合作成立投资基金的模式中，由于银行通常会通过"优先+劣后"的结构化设计或股权回购增信的措施，一定程度上可控制风险。

以上三种模式是目前为止开展投贷联动业务银行所普遍运用的外部投贷联动模式，综合来看并无较大差异。下面就我国主要的科技银行在投贷联动业务中采取的其他模式进行分析。

（1）通过结构化产品设计变相实现投贷联动。投贷联动的本质是将银行从传统的单纯的放贷者和息差收入者变为与企业共同分享成长收益、承担亏损风险的一种融资模式，在科技金融的实践中，部分银行会通过结构化的产品设计来使得其将纯债权变成一种带有股权性质的产品，远期利息安排就是其中一种。作为首批投贷联动试点银行的上海华瑞银行首创"共盈贷"，采用"优惠固定利率"结合"共盈浮动利率"的定价模式，具体的固定利率和计息规则由银企双方协商；在信贷周期结束时，依据科创企业成长状况确定浮动利率，分享相关收益；在企业效益良好并达到事前约定的经营目标的情况下，银行可根据"共盈浮动利率"分享企业经营收益，反之则仅收取固定利率部分。

（2）银担合作、银租合作、银投合作。北京银行深化银租、银投、银担合作。在银租合作方面，2014年6月，北京银行与中关村科技租赁公司共同发布"银租通"产品；在银投合作方面，北京银行与北京股权交易中心、北京金融资产交易所等区域股权市场建立合作，对具有直接融资需求的科创企业提供在交易所备案、以非公开方式发行及转让的债权融资产品；在银担合作方面，自2000年开始，北京银行便与中关村科技担保公司开展紧密合作，相继推出了"瞪羚计划""小瞪保"等产品，形成了"共同下户、独立决策、风险共担"的业务模式，见图9-5。

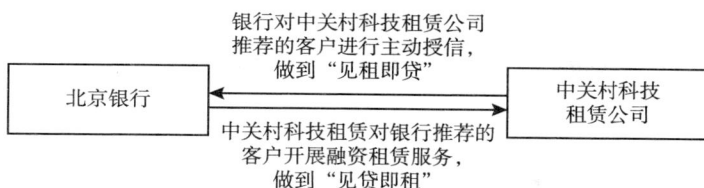

银行对中关村科技租赁公司
推荐的客户进行主动授信，
做到"见租即贷"

北京银行　　　　　　　　　　　　中关村科技
　　　　　　　　　　　　　　　　租赁公司

中关村科技租赁对银行推荐的
客户开展融资租赁服务，
做到"见贷即租"

图 9-5　北京银行"银租通"产品模式

（3）内部投贷联动与外部投贷联动的结合。内部投贷联动和外部投贷联动相结合，可兼取各自优势。中关村银行目前正在规划建立一种内外结合的投贷联动模式，中关村银行各股东按同等出资比例在银行体外设立一家投资公司（以下简称"股东直投公司"），从所有权的角度来看，这种模式具有内部投贷联动的特征，但区别于前述的子公司模式，这种镜像式的投资公司模式与银行做到了零关联关系，从而较好地与银行进行风险隔离；从具体运营模式上来看，其也表现出外部投贷联动的特征，见表 9-4。

表 9-4　　　　　　　　　中关村银行股东直投公司模式设想

业务定位与投资方向	具体操作方式
成立母基金	投资中关村区域内的创投机构和天使投资机构，共同支持优质科创企业的成长
跟投与战略投资并重	与投资机构紧密合作，寻找有投资潜力的项目进行直接投资
配合中关村银行做认股权贷款业务	银行给科创企业发放认股权贷款，企业按照投资金额的比例给股东直投公司认股权，按事先约定价格日期行权；股东直投公司拿到认股权后再委托银行做资管；认股权行权后和获得由银行与股东直投公司分享；另外，股东直投公司还留一部分资金成立一个平准基金，用于回购银行发放信用贷款可能产生的不良资产
战略投资 Fin-tech 公司	用大数据、云计算、人工智能、区块链等前沿技术构建基础平台，形成机会发现、交易服务、大数据风控、智能投顾以及智能运营等智慧金融核心能力
与同业合作搭建平台，设立配比放大的同业合作基金	投资于以上四个板块，以及中关村其他上市公司有发展潜力的优质并购项目和 Pre-IPO 项目

资料来源：36 氪专访|中关村银行今日正式开业，如何专注服务"三创"做不一样的 GP Bank？[EB/OL]．（2018-8-24）[2018-11-20]．https://36kr.com/p/5083808。

对比上述投贷联动的不同模式可以发现，通过设立子公司进行内部投贷联动使得银行直接参与投资科创企业可以对银行产生有效的激励作用。但是由于入股科创企业与传统银行信贷业务差别较大，银行专业人才的储备上也有所欠缺，更为重要的是，直接投资于科创企业带来的风险较大，因此，银行与外部投资机构合作进行外部投贷联动来分散银行的风险仍是目前的主流方式。

9.3 国内主要科技银行的盈利模式与产品定价

科技银行产品的多元化与投贷联动合作模式的多样化以及对科创企业服务周期的加长增加了银行在此过程中的盈利点，因此，产品定价涵盖的范围较为广泛，下面就典型的科技银行的盈利模式和产品定价进行分析。

9.3.1 北京银行

北京银行的投贷联动主要从三个方面获取收益，分别是息差收入、股权投资收益和中间业务收益。相应的，其投贷联动产品需从这三个方面入手进行合理定价。其中，对于息差收入，贷款利率的确定以风险度为依据，风险度越高，定价越高。因此，针对科创企业的高风险性，北京银行通常在约5%贷款利率的基础上，增加一部分担保费用或其他费用，贷款期限视企业所处行业和生命周期的不同而有所调整。对于股权投资收益，在外部投贷联动模式下，第三方机构在被投企业上市或被并购后，与之合作的北京银行可以按照协定获得一定比例的股权投资收益。对于中间业务费用，北京银行通过提供财务顾问、票据服务、现金管理等金融服务收取中间费用，并给予小微企业一定的优惠政策，见表9－5。

表9－5　　　　北京银行投贷联动部分产品融资类别额度、期限和利息

融资类别	额度	期限	贷款利息
信用融资	最高2000万元	2年	5%
内保外债	企业净资产的两倍	1年（视情况展期）	美元外债3.7%～3.9%，欧元外债2.5%～2.7%
投贷成长债	最低500万元	2年（可循环使用）	5%＋担保费

资料来源：董磊：《北京银行投贷联动运行模式案例分析》，安徽财经大学，2017。

9.3.2 杭州银行

以杭州银行科技支行的银投联盟模式为例，在与创投机构进行合作的过程中，杭州银行可以分别在创投基金的"募、投、管、退"四个阶段赚取收益，见表9－6。

表 9 – 6		杭州银行科技支行银投联盟模式的盈利模式	
阶段	创投企业需求	合作方案	合作为银行带来的收益
募集阶段	资金募集需求	LP 推荐等资金募集服务	中间业务收入（募集资金 1% 左右）
	基金托管需求	基金托管服务	存款收益、托管费收益
投资阶段	优质可投资项目需求	项目推荐	中介费用收益（投资额 1% 左右）
管理阶段	被投项目的融资需求	跟进贷款	增加优质客户
	对投资项目的资金管理需求	资金监管报告	持续关注投资项目，挖掘优质客户
退出阶段	流动性需求	已上市股权的质押融资服务	贷款收益或中间业务收益
	退出资金理财需求	理财服务	存款收益和理财手续费收益

资料来源：俞胜法、袁立宏：《国内银行科技金融专营机构的发展现状及问题思考——以杭州银行科技支行为例》，载于《银行家》2013 年第二期。

9.4　科技金融业务和产品的风控机制

《关于支持银行业金融机构加大创新力度　开展科创企业投贷联动试点的指导意见》要求"在开展投贷联动时，试点机构应当合理设定科创企业的贷款风险容忍度，应当确定银行及其投资功能子公司、政府贷款风险补偿基金、担保公司、保险公司之间不良贷款本金的分担补偿机制和比例，使不良贷款率控制在设定的风险容忍度范围内"。为此，各银行制定了相应的风控机制。

9.4.1　北京银行

9.4.1.1　顶层设计层面

为进一步鼓励、规范科技金融业务的开展，北京银行出台了《小微企业授信尽职调查管理规定（试行）》《小企业授权指导意见》等多个制度。在外部投贷联动中，北京银行实行的是风险隔离制度，银行与第三方股权投资机构独立运作、独立审批和独立投资。具体来看，银行的贷款业务采取独立审批，即根据企业经营状况以及自身现金流周转等情况确定贷款方案，加大对企业的技术优势、专利质量、研发与管理团队稳定性、商业模式和市场前景等要素的考量。第三方股权投资机构独立投资是指其独立参与企业经营，持续跟踪，自行募集资金进行投资。

9.4.1.2 具体操作层面

（1）筛选科创企业。北京银行内部制定了一套差别化的信用评价体系和客户评价机制。通过界定目标客户范围、贷款基本条件和限制条件来筛选客户。筛选时秉持聚焦"三型企业"、审查"三个要点"、参考"三方信息"的原则，对客户进行充分的背景调查，达到审慎评估企业经营风险的目的，见图 9 - 6。

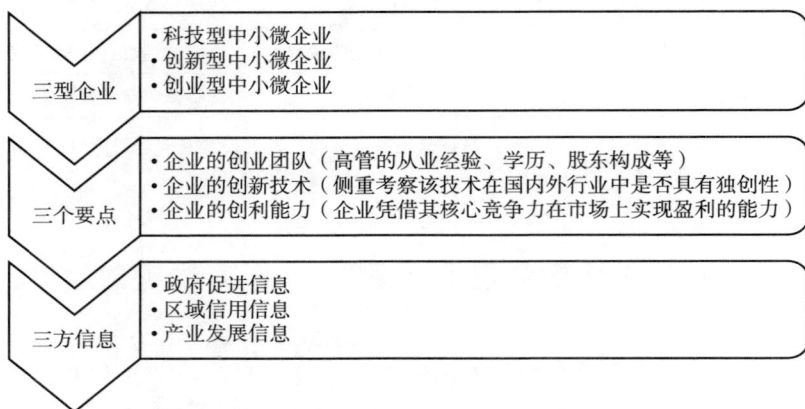

- **三型企业**
  - 科技型中小微企业
  - 创新型中小微企业
  - 创业型中小微企业
- **三个要点**
  - 企业的创业团队（高管的从业经验、学历、股东构成等）
  - 企业的创新技术（侧重考察该技术在国内外行业中是否具有独创性）
  - 企业的创利能力（企业凭借其核心竞争力在市场上实现盈利的能力）
- **三方信息**
  - 政府促进信息
  - 区域信用信息
  - 产业发展信息

图 9 - 6 北京银行筛选科创企业的标准

（2）差异化定价机制。北京银行针对企业特征的差异，建立差异化定价机制。通过定量测算与定性因素相结合，进行科学的风险定价，实现风险和收益相匹配。

（3）风险分担机制。北京银行注重与科技行业专业的担保公司进行合作，与其信用风险评价体系互为补充。

（4）贷后管理。对企业进行贷款后，北京银行设立专职的贷后经理来管理贷后的风险。其中，小微评分卡、科技成长企业专属评分卡就是利用大数据技术，实现贷后管理的差异化，按照风险情况的不同将客户分为增加额度、维持额度、压缩额度、退出授信四类。对于高风险客户的贷款应及时退出。以北京银行的认股权贷款为例，北京银行按照第三方投资机构提供的清单要求收集客户资料，每季度将贷后报告及清单列示材料报送至总行小企业事业部，由小企业事业部统一反馈至第三方投资机构，以方便投资机构随时掌握企业最新进展、及时决策是否对其进行行权。

9.4.1.3 授权层面

建立了双签审批模式，将总行的审批链条由三级缩短为两级。2012 年起，北京银行实行特色机构、特色产品转授权制度,推动科技金融创新业务发展。

9.4.2 汉口银行

汉口银行的风险控制创新主要体现在两个方面,分别是贷款审批方式的创新和风控模式的创新。

在贷款审批层面,与传统银行的封闭式审批不同,汉口银行将审批流程向科技专家与创投专家开放,发挥专业人士的优势,从而使得贷款决策更为科学合理。汉口银行已与东湖高新区管委会及区域重点行业协会、武汉市科技局建立了科技行业专家合作名录,与硅谷天堂、天风证券等合作投资机构建立了创投专家合作名录,根据审贷需要邀请相关专家参与评审。

在风控模式创新层面,汉口银行设立了独立的风险容忍度政策,将科技金融信贷业务的风险容忍提升至5%,并在此基础上设立独立的专项拨备机制和补偿机制。针对科创企业融资风险较高的特点,汉口银行设定单独的科技金融风险拨备计提标准,将科技金融信贷业务的拨备计提比例设置为行内普通信贷业务的两倍;同时,汉口银行与政府、保险机构等其他主体建立起了"风险共担"机制。2014年,东湖高新区管委会设5000万元风险补偿基金,并将其一次性存入汉口银行光谷分行专用资金账户,汉口银行按照1∶10的比例配套5亿元信贷资金。如果形成违约损失,则按照50%的比例进行补偿;2015年,人保财险、东湖高新区管委会与汉口银行合作试点推出"科保贷"业务,分别按照5∶3∶2的比例共担损失。这些举措都为汉口银行的风险提供了分散化的渠道。

基于以上的案例分析,在科技金融的风险控制层面,科技银行可以从以下几个方面进行着力:(1)基于科学测算,根据不同行业或不同的企业特点适度提高不良贷款率,将审慎的信贷风险管理文化与激进的创投文化相结合,完善银行的风险管理机制;(2)积极推动银行与更多的外部机构合作,探索多元化的风险共担机制,构建和明确银行及其投资功能子公司、政府贷款风险补偿基金、担保公司、保险公司之间的风险分担和补偿机制和比例。例如,可由政府出资设立科创企业融资专业担保公司,为银行贷款提供担保;政府还可出资设立科创企业贷款风险补偿基金,一旦出现违约损失,可为银行提供一定的贷款风险损失补偿,以鼓励科技银行积极支持科创企业,鼓励投贷联动业务的进一步扩展。

总结与启示

科技金融发展至今，衍生出了在不同主体引导下的多种业务模式和交易结构，科技金融产品的创新也与时俱进，不断满足科创企业的个性化需求。未来，科技金融产品将向着产品个性化、定价规范化、费用精细化、架构复杂化的方向发展。结合科创企业的巨大融资缺口，相信在可预见的时期内，科技金融的覆盖范围将会越来越广，业务规模也会越来越大。

我国在 20 世纪 90 年代末开始开展早期的科技金融业务，满足我国改革开放和新一轮经济转型的需求，但由于缺乏相应的政策支持以及可借鉴的成功经验，导致一些科技支行等金融机构的业务在某种程度上是在逐渐趋同，与一般的金融机构相比，科技金融业务在我国与人们的期望还有些距离。2016 年，投贷联动试点落实之后，我国的科技金融逐渐从"民间融资"走进越来越多人的视野，在投资范围和组织机构建设等方面都有着明确的指导意见，试点银行和非试点银行中纷纷开展科技银行业务。从代表性的北京银行等机构的科技金融产品和业务运行方式，可以看出我国科技金融产品已从原先粗犷的发展方式转向专业化、精细化的架构设计，并根据特定高新技术产业园区的特征，设计出个性化的产品。但相较于硅谷银行的案例，我们不难发现，我国的商业银行仍存在定价缺乏依据、中间业务费用设计不合理、客户群体多而不精、风控能力较弱等问题。如何将根据我国金融市场具体情况和银行的实际风险承受能力对现有模式进行改进，并开发出相应的创新产品，是我国科技金融面临的严峻考验。

从参与主体的角度来看，我国在科技金融领域依然是以科技银行作为牵头和主导机构，但受到传统风险控制的观念和相应监管要求影响，科技银行很难树立股权投资的创投思维，这就需要政府、非银行金融机构、民间资本等各个渠道的通力合作。投贷联动业务从客观上打开了混业经营的科创企业融资路线，这对我国今后的科技金融业务发展路径是一个重要的启示。

　　总体而言，我国金融市场的确存在发展不平衡、不充分的客观现象，资源的分配效率受到一定程度的限制，我国科技金融的相关业务和产品设计也需要时间进行完善。相信在不久的将来，我国能够开辟出一条符合我国国情的科技金融发展道路。

参 考 文 献

[1] 柴瑞娟、常梦：《加拿大沙箱监管的制度建构与启示》，载于《证券市场导报》2018 年第 10 期。

[2] 常瀚文：《交行苏州分行"科技金融集成商"共生模式建设及展望》，载于《中小企业管理与科技》（上旬刊）2017 年第 12 期。

[3] 陈海辉：《江苏银行："微雕"功夫服务小微》，载于《大众证券报》2016 年 8 月 1 日。

[4] 陈园园：《澳大利亚增强型"监管沙箱"的启示》，载于《西部金融》2018 年第 7 期。

[5] 丁峰：《杭州银行的科技金融创新》，载于《银行家》2016 年第 4 期。

[6] 董磊：《北京银行投贷联动运行模式案例分析》，安徽财经大学，2017。

[7] 付剑峰、邓天佐：《科技金融服务机构支持科技型中小企业融资发展的案例研究》，载于《中国科技论坛》2014 年第 3 期。

[8] 龚明华、雷电发：《金融创新、金融中介与金融市场：前沿理论综述》，载于《金融研究》2005 年第 10 期。

[9] 郭田勇等：《商业银行中间业务产品定价研究》，中国金融出版社 2010 年版。

[10] 胡苏迪、蒋伏心：《科技金融中心发展模式的国际比较与启示》，载于《新金融》2017 年第 4 期。

[11] 居敏敏：《科技金融支持种子期企业发展的研究》，上海交通大学，2013。

[12] 李海、胡麓珂：《首次代币发行（ICO）监管再思考——以德国现行法为视角》，载于《财经法学》2019 年第 2 期。

[13] 李善民、陈勋、许金花：《科技金融结合的国际模式及其对中国启示》，载于《中国市场》2015 年第 5 期。

[14] 李诗诗：《"杭州模式"2.0 版引领科技金融深度结合》，载于《科技金融网》2017 年 1 月 25 日。

[15] 李心丹、束兰根：《科技金融：理论与实践》，南京大学出版社 2013

年版。

[16] 李兴伟：《中关村国家示范区科技金融创新分析与趋势预测》，载于《科技进步与对策》2011年第9期。

[17] 李轶：《科技金融创新业务模式研究》，浙江大学，2017。

[18] 连平、周昆平：《科技金融：驱动国家创新的力量》，中信出版社2017年版。

[19] 廖理、咸航、闫竹、张伟强：《防范金融风险保护金融创新——英国监管沙盒调研与建议之二》，载于《清华金融评论》2018年第4期。

[20] 刘帆：《沙盒监管：引入逻辑与本土构造》，载于《西南金融》2019年第3期。

[21] 刘杰、孙佳圣：《科技金融发展的国际比较与启示》，载于《改革与战略》2018年第2期。

[22] 陆丹婷：《杭州市区域科技金融体系建设研究》，中共浙江省委党校，2016。

[23] 陆燕春、朋振江：《我国科技金融理论研究综述》，载于《科技进步与对策》2013年第16期。

[24] 骆世广、张新华、王燕：《广东科技金融发展现状及对策》，载于《广东农工商职业技术学院学报》2014年第4期。

[25] 马翠莲：《上海市科技金融信息服务平台开通》，载于《上海金融报》2013年8月23日。

[26] 王力、郭哲宇：《投贷联动模式的国际经验》，载于《中国金融》2018年第18期。

[27] 王立平、魏博文、娄霆、刘鸿杰：《科技银行发展路径探索》，载于《浙江金融》2017年第5期。

[28] 王仁祥、付腾腾：《中国金融创新与科技创新的耦合模式研究——基于"监管沙盒"思想》，载于《金融理论与实践》2018年第8期。

[29] 王勇、冯立：《多案例背景下的区域性科技金融平台运作研究》，载于《科技管理研究》2016年第8期。

[30] 萧端、熊婧：《政府创业引导基金运作模式借鉴——以以色列YOZMA基金为例》，载于《南方经济》2014年第7期。

[31] 许超：《我国科技金融发展与国际经验借鉴——以日本、德国、以色列为例》，载于《经济论坛》2016年第10期。

[32] 薛莉：《科技金融促进自主创新：理论机理与区域实践》，江西人民出版社2016年版。

［33］阳晓霞：《北京银行：与中关村崛起同行》，载于《中国金融家》2018年第 6 期。

［34］杨芮：《美国硅谷银行的创新》，载于《中国金融》2016 年第 18 期。

［35］尹龙：《金融创新理论的发展与金融监管体制演进》，载于《金融研究》2005 年第 3 期。

［36］余雯雯：《"全面创新改革试验区"长成啥样》，载于《钱江晚报》2016 年 12 月 24 日。

［37］俞胜法、袁立宏：《国内银行科技金融专营机构的发展现状及问题思考——以杭州银行科技支行为例》，载于《银行家》2013 年第 2 期。

［38］张晓加：《沪台科技金融实践比较》，载于《海峡科技与产业》2013年第 4 期。

［39］张云伟、徐珺、周效门：《苏州科技金融助推中小企业创新发展经验借鉴》，载于《科学发展》2015 年第 10 期。

［40］张忠寿：《基于供需分析的江苏省科技金融产品创新研究》，载于《江苏社会科学》2015 年第 5 期。

［41］中国科学技术发展战略研究院、中国科技金融促进会、上海市科学学研究所：《中国科技金融生态年度观察报告（2018）》，2018 年版。

［42］中国工商银行天津河北支行课题组：《我国商业银行投贷联动业务模式探索与实践——基于美英成功做法的经验借鉴》，载于《浙江金融》2017 年第 5 期。

［43］中国人民银行泰州市中心支行课题组：《我国科技银行与美国硅谷银行的比较研究》，载于《金融纵横》2011 年第 8 期。

［44］朱心坤：《硅谷银行如何开展科技金融服务？——赴美考察札记》，载于《华东科技》2011 年第 6 期。

［45］Altman, Edward I. "Financial Ratios, Discriminant Analysis and the Prediction of Corporate Bankruptcy". *Journal of Finance*, September 1968, pp. 189 – 209.

［46］Barth, J. R., Caprio, G., Jr., & Levine, R.. *Rethinking bank regulation. Till angels govern.* Cambridge: Cambridge University Press, 2006.

［47］Cohen, M. E. The Cost Of inexperience. *Alabama Law Review*, 2018 (4), pp. 859 – 912.

［48］Fenwick, M. Regulation Tomorrow: What happens when technology is faster the law?*American University Business Law Review*, 2017 (3), pp. 561 – 594.

［49］FinTech Issues Group of Financial Stability Board. Financial Stability Implication from Fin Tech: Supervisory and Regulatory Issues that Merit Authorities Attention. Financial Stability Board, 2017.

[50] Hardymon, Felda and Leamon, Ann. *Silicon Valley Bank.* Boston: Harvard Business School Publishing, 2000, HBS Case No. 800 – 332.

[51] Ibrahim, D. M. Debt as Venture Capital. *Social Science Electronic Publishing*, 2009, 2010 (4), pp. 1169 – 1210.

[52] Kellermann, A. J., De Haan, J., & De Vries, F. *Financial supervision in the 21st century.* Springer – Verlag, 2013.

[53] Korablev, I. and Dwyer, D. Power and Level Validation of Moody's KMV EDF Credit Measures in North America, Europe and Asia. *Moody's KMV Technical Report.* September 2007, pp. 17 – 18.

[54] Merton, R. C. Financial Innovation and Economic Performance. *Journal of Applied Corporate Finance.* April 1992, pp. 12 – 22.

[55] Mills, Karen Gordon and Brayden McCarthy. The State of Small Business Lending: Innovation and Technology and Implications for Regulation. *SSRN Electronic Journal*, 2016.

[56] Tufano P. Chapter 6 – Financial Innovation. *Handbook of the Economics of Finance*, January 2003, pp. 307 – 335.

[57] Walch, A. The Path of the Blockchain Lexicon (and the law). *Review of Banking & Financial Law*, 2017, pp. 713 – 765.